INTERIORS BY
Swimberghe & Verlinde

ULTIMATE INTERIORS

Lannoo

Why think?

INTRODUCTION

Piet Swimberghe
Jan Verlinde

EN

Devoted to design, light and space? Dreaming of transparent interiors? Hoping for a house saturated with the essence of Corbusier or Neutra? Which furniture choices are you envisioning? Chairs by Jean Prouvé or Charlotte Perriand? Or will you opt for the immortal Eames and Jacobsen armchairs that you've seen all over the place? Browse through this book filled to the brim with idiosyncratic suggestions. They're original, because we're only showing you interiors by designers, interior architects and art collectors, people who carefully chose each object, sometimes travelling halfway around the world to find it. Despite the dramatic differences, these aren't interiors that were created in a single step; they grew and evolved over the course of a longer time period, sometimes a lifetime.

In short, this book brings together the most fascinating interiors that we have discovered in recent years between Amsterdam, Brussels and Paris. Delving into the depths of our rich and varied network of contacts, we visited hundreds of homes; the cream of the crop has been selected for you here. Enjoy all these exquisitely contemporary interiors. Where one is minimalist and sober, another is delightfully brutalist, yet another eco-conscious and raw, or brandishing the colourful styles of the 50s and 70s. Pierre Paulin, Verner Panton, Mathieu Matégot: you encounter all these iconic names in this line-up. Leafing through this book, you'll pull together fantastic ideas for decorating your dining area, cooking area, library or art collection. We display personal interiors where people live, breathe and party, without the impersonality of a soulless showroom. Enjoy the nonchalant flair, the treasure trove of trouvailles, and the subtle play of colours. Care to venture a wager as to whether you'll be able to resist transforming your own residence after admiring all these homes?

NL

Tuk op design, licht en ruimte? Droom je van transparante interieurs? Van een huis met een hoog Corbusier- of Neutra-gehalte? Aan welke meubels dacht je, stoelen van Jean Prouvé of Charlotte Perriand? Of ga je voor de eeuwige Eames- en Jacobsen-zitjes die je misschien overal ziet? Net iets te veel. Blader eens door dit boek boordevol ongewone suggesties. Ze zijn origineel, omdat we hier enkel interieurs laten zien van designers, interieurarchitecten en kunstcollectioneurs, van mensen die zorgvuldig elk object hebben uitgezocht, die daarvoor soms de halve wereld zijn rondgereisd. Hoezeer ze ook van elkaar verschillen, dit zijn geen interieurs die in één klap zijn ontstaan; ze zijn gegroeid in de loop van een hele periode, soms van een heel leven.

Kortom, dit boek bundelt de meest fascinerende interieurs die wij in de afgelopen jaren hebben ontdekt tussen Amsterdam, Brussel en Parijs. Via ons rijkgevulde adressenboekje hebben we honderden woningen bezocht, waarvan je hier door de uitgelezen selectie bladert. Geniet van al deze op-en-top hedendaagse interieurs. Het ene is minimaal sober, het andere heerlijk brutalistisch, nog een ander ecologisch rauw of in kleurrijke fifties- en seventiesstijl. Pierre Paulin, Verner Panton, Mathieu Matégot, je komt deze iconische namen allemaal tegen. In dit boek sprokkel je fantastische ideeën bij elkaar om je eethoek, kookhoek, bibliotheek of kunstverzameling in te richten. We tonen persoonlijke interieurs waarin werkelijk wordt geleefd en gefeest, zonder showroomgehalte. Geniet van de nonchalante touch, een schat aan trouvailles en het subtiele kleurenspel. Wedden dat na het bewonderen van al deze woningen ook je eigen interieur een gedaanteverwisseling ondergaat?

FR

Vous raffolez du design, de la lumière et de l'espace ? Vous rêvez d'intérieurs transparents ? D'une maison portant la marque de Le Corbusier ou Neutra ? Quels meubles ont vos préférences ? Les chaises de Jean Prouvé ou de Charlotte Perriand ? Ou bien choisirez-vous les sièges intemporels d'Eames ou Jacobsen qui se voient partout? Et peut-être un peu trop... Feuilletez ce livre qui déborde de suggestions insolites. Elles sont originales, parce que nous ne montrons ici que des intérieurs de designers, architectes d'intérieur et collectionneurs d'art, qui ont parfois parcouru la moitié du globe en quête d'un seul objet. Ces intérieurs, si différents soient-ils, ne sont pas sortis de terre du jour au lendemain : ils se sont développés au fil du temps, parfois durant une vie entière.

Cet ouvrage rassemble donc les intérieurs les plus fascinants que nous avons découverts ces dernières années entre Amsterdam, Bruxelles et Paris. Grâce à un carnet d'adresses richement fourni, nous avons visité des centaines d'habitations, dont nous vous présentons une sélection soignée. Imprégnez-vous de ces intérieurs irrésistiblement contemporains. L'un est d'une sobriété minimaliste, l'autre d'un brutalisme réjouissant, d'autres encore se veulent écologiquement frustes ou hauts en couleurs dans le style des années 50 ou 70. Pierre Paulin, Verner Panton, Mathieu Matégot... autant de noms iconiques que vous rencontrez dans ces pages, d'où jaillissent des idées fantastiques pour aménager salle à manger, cuisine, bibliothèque ou collection d'art. Nous vous ouvrons des intérieurs personnels, dédiés à la vie et à la fête, pas des showrooms. Avec une touche de nonchalance, de multiples trouvailles et des jeux de couleurs subtils. Êtes-vous prêt à parier qu'après avoir admiré toutes ces habitations, vous ne résisterez pas à l'envie de transformer votre propre intérieur?

p. 08
Studio Boot
WUNDERKAMMER

p. 20
Lighthouse
AMSTERDAM

p. 32
Interbellum
BRICKS & CLAY

p. 42
Artistic Decor
150 YEARS OLD

p. 52
Orange Fever
JUNGLE LOFT

p. 60
Tribute to Frank Lloyd Wright
CONTEMPORARY ARTS & CRAFTS

p. 70
The Ocean Liner
PEARL OF MODERNISM

p. 78
Modernisme
AVANT GARDE HOUSE

p. 92
Seaside House
LOW COUNTRIES

p. 102
Fallingwater
BRUTALISM

p. 112
New Zealand
THE FORMER BARN

p. 124
Wonderful Things
MILK FACTORY

p. 136
Upstairs & Downstairs
HISTORIC HOUSE

p. 150
Simply Jewels
ECLECTIC MIX

p. 158
The Bauhaus Icon
ROARING TWENTIES

p. 170
Art & Design
FIND-FILLED HOUSE

p. 178
Mediterranean
THE BRICK HOUSE

p. 190
Swedish Revival
EARLY VINTAGE

p. 202
Polder House
PEARL FROM THE FIFTIES

p. 210
Penthouse
WARM MINIMALISM

p. 220
Chez Haussmann
VINTAGE DESIGN

p. 232
Rural & Modern
CONTEMPORARY RUIN

p. 240
Silo Brutalisme
THE SILO BUILDING

p. 250
Tiny House
BOXES ON THE WALL

p. 260
On the Top
BOHEMIAN

p. 266
Perspectives
THE LOFT

p. 278
Seaside
MORESQUE

p. 288
India & Morocco
NEW BRICK HOUSE

Studio Boot [WUNDERKAMMER]

This is not a true *Wunderkammer*, however, this surprising interior in a 1928 Opel garage in Den Bosch reminds one of a curiosity cabinet, particularly with this architecture. You walk in through a crisscross of gates and doors, and everywhere there are see-through windows that open up to further perspectives. This is the living and working space of Edwin Vollebergh and Petra Janssens who have set up their graphic atelier Studio Boot here. This place exudes intense dynamics with its strong graphic decor. The highlight is of course an immense wall with doors and windows, in the middle of the room, that they built together with renowned Dutch designer Piet Hein Eek. Den Bosch is actually located at a stone's throw from Eindhoven, home of the famous Design Academy where Petra actually taught for some time. Among their circle of friends, there are many designers who have studios in and around the cities of Tilburg, Den Bosch, and Eindhoven. Because of the combination of art and design, this area looks like a contemporary version of the home of the Bloomsbury group in Charleston near London. The multitude of great finds and the apparent artistic chaos create such a special atmosphere that again does not look Dutch at all, even though it is. Petra and Edwin are also fond of discoveries and souvenirs. Their latest acquisition is one of the largest capital armoires of the Golden Age, a relic discovered in a famous castle, which ended up here through a local auction house. Coincidence remains inspiring.

EN

In this former pre-war garage in Den Bosch, you suddenly enter a modern art room with surprising architecture. The open space is divided by a gigantic cabinet with doors and windows: a creation by Studio Boot and Piet Hein Eek. Recycled materials enhance a casual studio atmosphere. The wall features some interesting finds, including Delft earthenware. Behind the wall, you will discover living spaces, including a kitchen-dining room always ready to welcome friends.

NL

In deze voormalige vooroorlogse garage in Den Bosch bots je op een hedendaagse kunstkamer met een verrassende architectuur. De open ruimte wordt opgedeeld door een enorme wandkast met deuren en vensters, een creatie van Studio Boot en Piet Hein Eek. De recuperatiematerialen versterken de nonchalante ateliersfeer. In deze wand worden leuke vondsten getoond, zelfs wat Delfts aardewerk. Achter de wand ontdek je leefruimtes, zoals de keuken-eetkamer die steeds klaarstaat om vrienden te ontvangen.

FR

Dans cet ancien garage d'avant-guerre à Den Bosch, vous trouvez une salle d'art contemporaine à l'architecture surprenante. L'espace est divisé par une énorme armoire murale avec portes et fenêtres, une création de Studio Boot et Piet Hein Eek. Les matériaux de récupération renforcent l'atmosphère nonchalante d'un atelier. De belles trouvailles sont exposées dans cette paroi, dont de la faïence de Delft. Derrière la paroi, vous découvrez les salles de séjour telles que la cuisine-living qui est toujours prête à accueillir des amis.

NL

Een echte Wunderkammer is dit niet, maar toch heeft dit verrassende interieur in een oude Opelgarage uit 1928 in Den Bosch iets van een *cabinet de curiosité*, alleen al door de architectuur. Je loopt erdoor via een wirwar van poorten en deuren, en overal zijn er doorkijkvensters die weer andere perspectieven bieden. Dit is de woon- en werkschuit van Edwin Vollebergh en Petra Janssen die hier hun grafische atelier Studio Boot hebben. Deze plek straalt een intense dynamiek uit, door het sterke grafische decor. Het orgelpunt is de immense wand met deuren en vensters, midden in de ruimte, die ze samen met de vermaarde Nederlandse designer Piet Hein Eek hebben gebouwd. Den Bosch ligt op een steenworp van Eindhoven met zijn beroemde Design Academy, waar Petra trouwens een hele tijd les heeft gegeven. In hun vriendenkring hebben ze heel wat designers die hun ateliers hebben in en rond de steden Tilburg, Den Bosch en Eindhoven. Door de combinatie van kunst en design lijkt dit pand een hedendaagse versie van het huis van de Bloomsbury groep te Charleston nabij Londen. De veelheid aan trouvailles en de schijnbare, artistieke chaos zorgt voor een heel aparte sfeer die helemaal niet Nederlands oogt, maar het toch is. Petra en Edwin zijn ook tuk op vondsten en souvenirs. Hun laatste aanwinst is een van de grootste kapiteelkasten uit de Gouden Eeuw, een relikwie uit een beroemd kasteel, die hier via het lokale veilinghuis terechtkwam. Het toeval blijft inspirerend.

FR

Même s'il ne s'agit pas vraiment d'une *Wunderkammer*, cet intérieur surprenant aménagé dans un ancien garage Opel de 1928 à Den Bosch a quelque chose d'un cabinet de curiosités, ne fût-ce que par son architecture. Vous le traversez par un enchevêtrement de portes et, partout, vous découvrez des échappées qui offrent de nouvelles perspectives. Il s'agit de la résidence et cabinet de travail d'Edwin Vollenbergh et de Petra Janssen qui y ont installé leur atelier graphique Studio Boot. L'endroit respire le dynamisme grâce au décor graphique très puissant. Le point d'orgue est l'immense paroi percée de portes et fenêtres qui se dresse au beau milieu de l'espace et qu'ils ont construite avec la collaboration du célèbre designer Piet Hein Eek. Den Bosch se trouve à un jet de pierre d'Eindhoven et de sa célèbre Design Academy où Petra a donné cours pendant de nombreuses années. Leur cercle d'amis compte plusieurs stylistes qui ont installé leur atelier à Tilburg, Den Bosch et Eindhoven, ou dans les environs. Du fait de cette combinaison de art y design, leur propriété ressemble à une version contemporaine de la maison du Groupe de Bloomsbury à Charleston près de Londres. La multitude d'objets et l'agencement artistique, apparemment chaotique, crée une atmosphère toute particulière qui n'a rien de néerlandais, mais qui l'est pourtant. Petra et Edwin s'enorgueillissent aussi de nombreuses trouvailles et souvenirs. Leur dernière acquisition est une grande armoire à chapiteau datant du Siècle d'Or, une relique en provenance d'un célèbre château qu'ils ont dénichée dans une maison de vente aux enchères locale. Le hasard inspire.

EN
The centre of the building features a lovely patio where you can enjoy the architecture of the former garage. Upstairs, more sitting areas in various styles display fun, kitsch, even high-priced vintage items. With its unique style and casual atmosphere, this interior is well worth a discovery journey. Don't miss the amusing cooking area tucked into a sort of façade wall. At the very back of the dining area is a majestic display cabinet from the Golden Age.

NL
Midden in het gebouw is een heerlijke patio waar je geniet van de architectuur van de voormalige garage. Boven ontdek je meer zithoeken in diverse stijlen, waarin je zowel leuke kitsch als waardevolle vintage ziet. Niet alleen de stijl, ook de ongedwongen sfeer maken van dit interieur een ontdekkingstocht. Bekijk hoe grappig de kookhoek verstopt zit in een soort gevelwand. Helemaal achteraan in de eethoek staat een majestueuze pronkkast uit de Gouden Eeuw.

FR
Au milieu du bâtiment, il y a un magnifique patio où vous pouvez apprécier l'architecture de l'ancien garage. À l'étage, vous découvrez entre autres des salons de styles divers où vous trouvez tout à la fois du kitsch amusant et du vintage de valeur. Cet intérieur mérite certainement le détour, non seulement pour le style, mais aussi pour l'atmosphère détendue qui y règne. Le coin cuisine se cache de manière très amusante dans une sorte de paroi de façade. Tout à l'arrière du coin à manger se dresse une majestueuse armoire d'apparat du Siècle d'Or.

EN
You immediately feel that this interior is the result of years of bargain hunting. The owners spent a lot of time searching for original, unusual objects and furniture. You will recognize designs inspired by De Stijl as well as by the Fifties. There are audacious combinations of materials, colours, and styles that 'make' this decor. This could be easily considered a contemporary art exhibit.

NL
Je voelt meteen dat dit interieur het resultaat is van jarenlang sprokkelwerk. De bewoners stopten heel wat tijd in hun zoektocht naar originele en ongewone meubels en objecten. Je herkent zowel design à la De Stijl als uit de fifties. Het zijn de gedurfde combinaties van materialen, kleuren en stijlen die dit interieur 'maken'. Beschouw dit gerust als een hedendaagse kunstinstallatie.

FR
On remarque aussitôt que cet intérieur est le résultat de nombreuses années de recherches. Les occupants ont passé beaucoup de temps à chercher des meubles et objets originaux et insolites. Vous reconnaissez aussi bien du design à la De Stijl ou des années 1950. Ce sont les combinaisons osées de matériaux, de couleurs et de styles qui « façonnent » cet intérieur. On peut sans hésiter le qualifier d'installation artistique contemporaine.

Lighthouse [AMSTERDAM]

This house looks like a lighthouse. Not from the outside, of course, because it is simply a tall house in a row, on a corner. However, the many windows and the light that generously flows inside give us this impression. Perhaps it is also because we have torn down almost everything, explains Barbara Iweins. Indeed, it creates a fairly open structure that drives you upward as soon as you enter. She lives on the third floor and has bedrooms above it, as well as a roof terrace from where you can admire the entire city of Amsterdam. Everything revolves around a central staircase that reinforces the lighthouse feel. This staircase also provides a special dynamic to the house and its inhabitants. Since there are barely any doors, you can walk quickly up the stairs; the living spaces are linked together over several floors. This mobile element also appears in the portraits made by Barbara: they are surprisingly lively. As a photographer, she obviously has a great affinity with light. I like baroque, but I end up painting everything white, she says. This has to do with her love of light. The baroque style is also discretely shown in the countless finds that you can see in the interior. Textured walls and floors and a few industrial lamps give the home the look and feel of a studio. I like the contrast, she says, between slick and rough, between dark and bright.

NL Dit huis lijkt op een vuurtoren. Van buiten natuurlijk niet, want het is gewoon een hoog huis in de rij, op een hoek. Maar de talrijke vensters en het licht dat gul naar binnen stroomt, geven ons deze impressie. 'Misschien komt dat ook doordat we hier bijna alles hebben gesloopt', legt Barbara Iweins uit. Daardoor ontstaat er inderdaad een vrij open structuur die je ook bij het betreden meteen naar boven stuwt. Ze woont drie hoog en daarboven zijn er nog slaapkamers en een dakterras vanwaar je heel Amsterdam kunt bewonderen. Alles is ook rond een centrale trap geconcipieerd, wat dat vuurtorengevoel versterkt. Deze trap schenkt de woning en haar bewoners ook een zekere dynamiek. Omdat er amper deuren zijn, loop je al snel de trap op, je leeft hier tegelijk op verschillende verdiepingen. Dat mobiele element verschuilt zich ook in de portretten die Barbara maakt: ze zijn opvallend beweeglijk. Als fotografe heeft ze natuurlijk een extra affiniteit met het licht. 'Ik hou van barok, maar schilder uiteindelijk vrijwel alles wit', zegt ze. Dit heeft met haar hang naar licht te maken. Het barokke zit ook wat verscholen in de talrijke trouvailles die je in dit interieur ziet. Ruwe wanden en vloeren, en enkele industriële lampen geven de woning de sfeer van een atelier. 'Ik hou van contrasten', vertelt ze, 'tussen gaaf en ruw, tussen donker en helder.'

FR Cette maison fait penser à un phare. Pas de l'extérieur bien sûr puisqu'il s'agit d'une haute maison de rangée située à l'angle d'une rue. Mais les nombreuses fenêtres et la lumière qui s'y engouffre créent cette impression. « C'est peut-être dû au fait que nous avons presque tout abattu », dit Barbara Iweins. Il en résulte une structure ouverte qui dès l'entrée, vous aspire vers le haut. Barbara vit au troisième. Au-dessus, il y a encore des chambres et un toit-terrasse d'où on a une vue imprenable sur Amsterdam. Toute la maison s'articule autour d'un escalier central, ce qui renforce cette impression de phare. Cet escalier confère à la maison et à ses occupants une certaine dynamique. Comme il n'y a que très peu de portes, on est très vite attiré vers l'escalier et on vit simultanément sur plusieurs étages. Les portraits très animés que réalise Barbara, respirent cette même mobilité. En tant que photographe, elle a forcément une forte affinité avec la lumière. « J'aime le baroque mais, en fin de compte, je peins presque tout en blanc », dit-elle. Son rapport à la lumière l'exige. Le baroque réside dans les nombreuses trouvailles qui égayent cet intérieur. Les murs et sols rugueux, ainsi que quelques lampes industrielles confèrent à la maison l'aspect d'un atelier. « J'aime le contraste, entre ce qui est raffiné et grossier, entre la lumière et l'obscurité », précise-t-elle.

EN
"Although I like 'baroque', I always come back to 'white'", explains photographer Barbara Iweins. Of course, it greatly depends on the place itself. This tall corner house in Amsterdam is showered with light. Its height makes it a light tower. The interior was not in very good condition and required a thorough renovation. Everything was stripped, but a lot of materials were reused and the rough walls were nicely integrated to emphasize the studio feel. This way, they were able to preserve the soul of this old building.

NL
Ik hou van 'barok' maar keer altijd terug naar 'wit', legt fotografe Barbara Iweins uit. Veel hangt vanzelfsprekend af van de plek zelf. Deze hoge hoekwoning in Amsterdam wordt overgoten van licht. Door de hoogte is het bovendien een soort lichttoren. Het interieur verkeerde in minder goede staat, en diende grondig te worden opgeknapt. Alles werd gestript, maar veel werd opnieuw gebruikt en de ruwe muren werden mooi geïntegreerd om het ateliergevoel te benadrukken. Zo bleef de ziel van het oude pand toch bewaard.

FR
J'aime le « baroque » mais je reviens toujours au « blanc », explique la photographe Barbara Iweins. Tout dépend bien sûr de l'emplacement. Cette haute maison d'angle à Amsterdam est inondée de lumière. De par sa hauteur, on dirait un phare. L'intérieur était en moins bon état et dut être complètement rénové. Tout a été décapé mais il y a eu beaucoup de réemploi et les murs bruts ont été très bien intégrés pour renforcer l'idée d'atelier. L'âme de l'ancienne maison a ainsi été préservée.

EN
To create an open living space, all walls were removed, allowing a free circulation. The staircase winds through the building. The contrast between brown vintage and white background is refreshing. Here and there, industrial design creates a nonchalant note. On the wall, a photograph of Barbara Iweins.

NL
Alle wanden werden weggehaald om een open leefruimte te creëren, waardoor je vrij kunt circuleren. De trap slingert zich door het pand. Het contrast tussen de bruine vintage en de witte fond werkt verfrissend. Hier en daar zorgt wat industrieel design voor een nonchalante noot. Aan de muur hangt een foto van Barbara Iweins.

FR
Pour créer un espace ouvert, tous les murs ont été enlevés pour permettre une libre circulation. L'escalier se tortille à travers la maison. Le contraste entre le vintage brun et le fond blanc a quelque chose de rafraîchissant. De-ci de-là, un peu de design industriel assure une touche de nonchalance. Une photo de Barbara Iweins est accrochée au mur.

EN
Barbara designed the kitchen herself and had it built with recycled floorboards. She added workshop lamps. The bathroom was also created in this functional style. Here also, the combination of white walls with a lot of wood is the decor theme.

NL
Barbara heeft de keuken zelf ontworpen en laten bouwen met gerecupereerde vloerplanken. Daarboven liet ze atelierlampen hangen. In deze functionele stijl werd ook de badkamer opgevat. Ook hier bepaalt de combinatie van witte wanden met veel hout de sfeer.

FR
Barbara conçut elle-même la cuisine et la fit construire avec des planchers récupérés. Elle y a ajouté des lampes d'atelier. La salle de bains est réalisée dans le même style fonctionnel. Ici aussi, la combinaison de murs blancs et de bois reste le fil conducteur de la décoration.

Interbellum

BRICKS & CLAY

In our opinion this small holiday home offers a gold mine of surprises. It looks like a periscope with mirrors to look around. The small house is simple and yet complex. It is where Belgian avant-garde architect Bart Lens and his girlfriend Bieke come to relax on weekends. Bart has intentionally preserved the original architecture, which is not obvious for a contemporary architect. The house is located in Nieuwpoort, a coastal town rebuilt in Flemish neo-renaissance style after World War I. This is not modern architecture, but a style inspired by local brick tradition: it has character, a sense of security and harmony. Precisely because many of those buildings are now replaced with uninspired condominiums, the renovation of this small property is a statement to Bart Lens. He wants to demonstrate how easily this old architecture can feel at home in a more modern style expression. He gutted the interior and reused a lot of bricks so as to preserve the connection with local architecture and also give the interior this touch of raw rusticity which actually makes it modern. Take a look at the homemade taps, the unique bathtub and the bedroom mounted in a cage of perforated steel. All this is simply eclectic and full of original solutions: highly inspiring.

NL Deze kleine vakantiewoning heeft voor ons een schat aan verrassingen in petto. Het lijkt een periscoop waar je met spiegels doorheen kijkt. Het pandje is eenvoudig en tegelijk complex. Dit is de plek waar de bekende Belgische avant-gardearchitect Bart Lens met zijn vriendin Bieke in het weekend tot rust komt. Bart heeft de originele architectuur bewust bewaard, niet vanzelfsprekend voor een hedendaags architect. Het pand ligt in Nieuwpoort, een kuststadje dat na de Eerste Wereldoorlog werd heropgebouwd in Vlaamse neorenaissancestijl. Geen vooruitstrevende architectuur, maar wel een op de lokale baksteentraditie geïnspireerde stijl met karakter, gevoel voor geborgenheid en harmonie. Precies omdat veel van dit soort gebouwen nu moeten plaatsruimen voor banale flatgebouwen, is de herinrichting van dit kleine pand voor Bart Lens een statement. Hij wil bewijzen hoe makkelijk deze oude architectuur zich in een meer hedendaagse vormentaal thuis voelt. Hij trok het interieur open tot aan de nok en hergebruikte heel veel baksteen, om de band met de streekarchitectuur niet te verliezen en ook om het interieur dat tikje ruwe landelijkheid te geven die het net hedendaags maakt. Kijk ook naar de in elkaar geknutselde kranen, de unieke badkuip en de in een kooi van geperforeerd staal gevatte slaapkamer. Dit alles is ongewoon eclectisch en zit vol originele oplossingen: hoogst inspirerend.

FR Cette petite maison de vacances nous réserve un trésor de surprises. On croirait regarder à travers les miroirs d'un périscope. La demeure est simple et complexe à la fois. C'est l'endroit où le célèbre architecte d'avant-garde belge, Bert Lens, vient se reposer avec son amie Bieke le week-end. Bart a sciemment préservé l'architecture d'origine, ce qui n'est pas courant pour un architecte contemporain. L'habitation est située à Nieuport, une petite ville côtière qui fut reconstruite en style néo-Renaissance flamand après la Première Guerre mondiale. Il ne s'agissait pas d'une architecture progressiste mais d'une architecture de caractère, intimiste et harmonieuse en briques traditionnelles. Parce que ces maisons cèdent aujourd'hui la place à des immeubles d'une grande banalité, Bart Lens estime qu'il est de son devoir de réaménager cette maisonnette. Il veut prouver qu'il est facile d'intégrer harmonieusement cette architecture ancienne dans un environnement plus contemporain. Il a ouvert l'intérieur jusque dans le faîte, a réutilisé beaucoup de briques pour préserver le lien avec l'architecture régionale, mais aussi pour donner à l'intérieur cette rusticité qui le rend précisément contemporain. À noter également le montage des robinets, la baignoire peu banale et la chambre à coucher aménagée dans une cage d'acier perforé. Tout cela est d'un éclectisme inhabituel qui regorge de solutions originales témoignant d'une grande créativité.

EN
Half floors enhance the verticality of the structure of this building. This enables the visitor to admire the façade from the inside, which is architecturally powerful. The architect advocates the use of regional materials such as brick, even for the staircase.

NL
De uitgesproken verticale structuur van dit pand werd versterkt door het wegbreken van sommige niveaus. Daardoor kun je de voorgevel van binnenuit bewonderen, wat architecturaal extra sterk is. De architect pleit voor het gebruik van regionale materialen, zoals baksteen, ook voor de bouw van de trap.

FR
La structure manifestement verticale de cette maison a été renforcée par la suppression de certains niveaux. Vous pouvez ainsi admirer la façade de l'intérieur, ce qui est d'une forte teneur architecturale. L'architecte plaide pour l'utilisation de matériaux régionaux tels que la brique, même pour l'escalier.

EN
Brick and raw boards increase the perception. Most materials were recycled on the spot. The rough ceiling and floors provide a sense of security and make the place a true vacation home. The symbiosis of design of rustic furniture is invigorating.

NL
Bakstenen en ruwe planken verhogen de belevingswaarde. Veel van het materiaal werd ter plaatse gerecupereerd. De ruwe zoldering en vloeren zorgen voor geborgenheid en maken er een echte vakantiewoning van. De symbiose van design met landelijk meubilair werkt verkwikkend.

FR
La brique et les planches brutes intensifient le vécu spatial. Beaucoup de matériaux ont été récupérés sur place. Le plafond et les sols bruts assurent une certaine sécurité et en font une véritable résidence de vacances. La symbiose entre le design et le mobilier rustique a un effet revigorant.

EN
Before being destroyed during World War I, Nieuwpoort was a medieval town with many small houses. This building is a post-war construction with a medieval feel. Architect Lens finds this reconstruction architecture fascinating and challenging for new creations.

NL
Nieuwpoort was een vrij middeleeuwse stad met talrijke kleine woningen, tot het door het oorlogsgeweld van de Eerste Wereldoorlog werd verwoest. Dit pand is een naoorlogse reconstructie met een middeleeuwse ziel. Architect Lens vindt deze heropbouwarchitectuur fascinerend en een uitdaging voor nieuwe creaties.

FR
Jusqu'aux destructions de la Première Guerre mondiale, Nieuport était une cité de type médiéval avec de nombreuses petites maisons. Cette habitation est une reconstruction de l'après-guerre avec une âme moyenâgeuse. L'architecte Lens trouve cette architecture de réhabilitation fascinante, incitant à de nouvelles créations.

EN
Just perfect: the bathroom unit with two wooden barrels: one for the bath and one as sink. This is quite an ingenious solution. Details like the faucets are of curious workmanship. White floors make everything look fresh.

NL
Helemaal onder de pannen: de natte cel met twee houten tonnen, eentje voor het bad en eentje als wastafel. Dat is best een vindingrijke oplossing. Ook de details, zoals de kranen, zijn van een vernuftige makelij. Door de witte vloer oogt alles heerlijk fris.

FR
Sous les combles : la salle d'eau avec deux tonneaux en bois, l'un pour la baignoire et l'autre comme lavabo. Solution inventive ! Tous les détails, les robinets par exemple, sont de conception ingénieuse. Grâce au sol blanc, tout respire la fraîcheur.

Artistic Decor [150 YEARS OLD]

"This is a real community centre," interior designer Nathalie Deboel explains. The building is 150 years old and is located in the centre of the Oostkerke with its white-washed houses, a picturesque town between Damme and Knokke. The house was once the town's inn. Nathalie had thoroughly renovated the place while maintaining its soul. The kitchen is the central hub and also the place where every visitor lingers when something is being cooked. From the kitchen you can look in three directions: the hallway, the living room with the Brazilian desk, and a tiny dining area. Nathalie Deboel finds the intimacy and the open views important. Because there are not many doors, she has created an open living area. She effortlessly combines rural materials with art and some design. That is a quite unusual combination. In the kitchen, notice the magnificent marble of the kitchen worktop, the white Delft tiles on the walls, the rough wood of the cupboards, the plank flooring and the plastered walls. Also take a look at the furniture. Here and there you will notice some vintage furniture, but there is no excessive design furniture. In the dining room there is even an antique Louis Treize bench from France. Also the chairs and the large table are clearly rural in style. Nathalie Deboel renovated the house in two phases. According to her, this allowed her to work even more on the air circulation and incidence of light. This house is not only fascinating due to its layout, but also to the finishing and the relaxed, somewhat nonchalant and slightly Artistic Decor with modern art and photography.

EN
This compact rural house has some wonderful and unexpected open views, which give you each time a glimpse of the paintings in the next room. Nathalie Deboel has removed most of the doors to create one big living area. Design in a rural setting is always exciting. For instance, in the living room, there is a Flag Halyard by Hans Wegner, the most original seating furniture by this designer.

NL
Deze compacte en landelijke woning biedt enkele schitterende en onvermoede doorzichten, waardoor je telkens een glimp opvangt van de kunstwerken in de volgende kamer. Dit komt omdat Nathalie Deboel de meeste deuren heeft verwijderd om een grote leefruimte te maken. Design in een landelijk kader is altijd spannend. Zo staat er in de woonkamer een Flag Halyard van Hans Wegner, het meest originele zitmeubel van deze ontwerper.

FR
Cette maison compacte et rustique offre des vues magnifiques et insoupçonnées sur les œuvres d'art qui se trouvent dans la pièce voisine, que l'on peut ainsi admirer à la dérobée. Pour ce faire, Nathalie Deboel a ôté la plupart des portes afin de créer un seul grand espace de vie. La présence d'objets design dans un cadre campagnard est toujours fascinante. On trouve ainsi dans le séjour un Flag Halyard de Hans Wegner, le fauteuil le plus original de ce designer.

NL
'Dit is een echt dorpshuis', legt interieurarchitect Nathalie Deboel uit. Het pand is ruim anderhalve eeuw oud en ligt in het hart van het witte Oostkerke, een schilderachtig dorp tussen Damme en Knokke. Ooit was dit een dorpsherberg. Nathalie heeft het huis grondig opgeknapt, met respect voor zijn authenticiteit. De keuken is het centrale knooppunt en tevens de plek waar iedere bezoeker blijft rondhangen terwijl er wordt gekookt. Door de meeste deuren weg te halen, heeft ze een open leefruimte gecreëerd. Vanuit de keuken kan je blik drie richtingen uit: naar de gang, naar de woonkamer met het Braziliaanse bureau en naar een piepklein eethoekje. Nathalie Deboel vindt zowel de intimiteit als de doorzichten belangrijk. Ze combineert moeiteloos landelijke materialen met kunst en een beetje design; een vrij ongewone combinatie. Let in de keuken op het prachtige marmer van het keukenblad, de witte Delftse tegels op de wanden, het ruwe hout van de kasten, de planken vloeren en de gepleisterde muren. Bekijk ook het meubilair. Hier en daar merk je wat vintage op, maar er is geen overdaad aan designmeubilair. In de eetkamer staat zelfs een antieke Lodewijk XIII-bank uit Frankrijk. Ook de stoelen en de grote tafel zijn uitgesproken landelijk van stijl. Nathalie Deboel heeft de woning in twee fasen gerenoveerd, wat haar – naar eigen zeggen – toeliet nog beter te sleutelen aan de circulatie en de lichtinval. Deze woning is niet alleen boeiend door de indeling, maar ook door de afwerking en de ontspannen, ietwat nonchalante en artistiek getinte aankleding met moderne kunst en fotografie.

FR
« Il s'agit d'une Artistic Decor », explique l'architecte d'intérieur Nathalie Deboel. « Elle a été construite il y a plus de 150 ans et se dresse au centre d'Oostkerke, un charmant village entouré de maisons blanches, situé entre Damme et Knokke. Pendant des années, elle a abrité une auberge. » Nathalie l'a rénovée de fond en comble, tout en préservant son âme. La cuisine est le centre névralgique de la maison où les invités sirotent l'apéro pendant que la maîtresse de maison s'affaire aux fourneaux. Elle s'ouvre d'une part sur le couloir, d'autre part sur le séjour avec le bureau brésilien et enfin sur un petit coin repas. Nathalie Deboel privilégie les espaces de vie à la fois ouverts et intimistes. C'est pourquoi elle n'a pas hésité à éliminer certaines portes et à conjuguer des éléments typiquement campagnards avec des éléments artistiques et une pincée de design : un alliage plutôt inhabituel. À noter dans la cuisine le somptueux plan de travail en marbre, les faïences de Delft blanches aux murs, le bois brut des armoires, le plancher en bois et les murs crépis. Ce brassage de styles vaut également pour le mobilier. Dans la salle à manger, les chaises et la grande table de style campagnard côtoient même un banc Louis XIII chiné en France. Nathalie Deboel a rénové la maison en deux phases. Cela lui a permis, dit-elle, d'optimiser encore davantage la circulation et l'éclairage. Cette maison se distingue non seulement par son agencement, mais aussi par sa finition et sa décoration décontractée faite d'œuvres d'art modernes et de photographies disposées de manière nonchalante.

EN
The kitchen with its antique white Delft tiles has a modern character. Notice the rough marble and the small sitting area all the way at the rear, definitely the most intimate corner of the house.

NL
De keuken met de antieke, witte, Delftse tegels heeft een hedendaagse uitstraling. Let op het ruwe marmer en de kleine zithoek helemaal achterin, beslist de intiemste hoek van de woning.

FR
La cuisine et ses antiques carreaux blancs de Delft apporte une touche contemporaine. À noter également le plan de travail en marbre brut et le petit coin repas à l'arrière, indubitablement la pièce la plus intime de la maison.

THiNK

Orange fever

JUNGLE LOFT

Tall jungle trees feature inside Raf Verwimp's home. And between them there is a lot to see, since Raf likes a full, baroque interior. This home looks so much like a jungle hut, you might even see parrots flying around. But you are here, in Lier, a historic town near Antwerp. Raf Verwimp not only works as a florist; he also creates objects in glass, ceramics and wood for the Dutch company Des Pots. He also works on his own and is fascinated by his eclectic interior decor. Anyone who is creative should not study too much: one should act instead. He is ubiquitous, curious and he always discovers something. He loves browsing the Brussels flea market or Antwerp's Kloosterstraat. This jungle loft is located in an old school building. He added tall windows to bring in plenty of light. His interior decoration style is very colourful; orange is his favourite hue. "I am not a fan of rigid interiors," Raf explains. "For me, they are too rational; I love an emotional interior where you can immediately exhibit your discoveries. That is also how I make my flower arrangements: quick, spontaneous, without thinking too much; following my feelings." Yet, he arranged his home in a very functional way, with a nice mezzanine sleeping area, a small sitting area and a bathroom unit. From there, he enjoys the spacious view inside, and the old church beyond the door.

NL In de leefruimte van Raf Verwimp staan metershoge bomen uit het oerwoud. Daartussen is er heel wat te zien, want Raf houdt van een vol en barok interieur. Er mogen dan wel geen papegaaien rondvliegen, dit huis lijkt op een junglehut. Toch ben je hier in Lier, een historisch stadje in de buurt van Antwerpen. Raf Verwimp is actief als bloembinder, maar ontwerpt ook objecten in glas, keramiek en hout voor het Nederlandse bedrijf Des Pots. Daarnaast is hij ook nog met persoonlijk werk bezig. Zijn eclectische interieur is een van zijn liefhebberijen. Iemand die creatief is moet niet te veel studeren maar doen, beweert hij. Hij komt overal, is nieuwsgierig en ontdekt altijd wel wat. Het liefst struint hij rond op de vlooienmarkt van Brussel of door de Kloosterstraat in Antwerpen. Deze jungleloft huist in een oud schoolgebouw. Daarin liet hij metershoge vensters aanbrengen die heel veel licht binnenhalen. Zijn interieurstijl is behoorlijk kleurrijk, oranje is zijn favoriete tint. 'Ik ben geen fan van strakke interieurs', legt Raf uit, 'voor mij zijn ze te rationeel, ik hou van een emotioneel interieur waarin je meteen kunt exposeren wat je vindt. Zo maak ik ook bloemboeketten, snel en spontaan, zonder te veel na te denken, op het gevoel dus.' Toch richtte hij zijn woning vrij functioneel in met een leuke mezzanine voor de slaaphoek, een kleine zithoek en de natte cel. Vandaar geniet hij van het ruimtezicht binnen en de oude kerk naast de deur.

EN
This is the ultimate jungle fever interior of the book: a sort of virgin forest. Only the parrots are missing. This is the biotope of florist Raf Verwimp. He renovated an old school building, which explains the high ceilings and large spaces. Verwimp dearly loves colours and unusual design. His bedroom is on the mezzanine above the living room.

NL
Dit is hét jungle fever-interieur van het boek: een soort oerwoudbos. Er vliegen net geen papegaaien rond. Dit is de biotoop van bloembinder Raf Verwimp. Hij verbouwde een oud schoolgebouw, vandaar de hoge zolderingen en grote ruimtes. Verwimp houdt zielsveel van kleur en ongewoon design. Op de mezzanine van de woonkamer heeft hij zijn slaapkamer ingericht.

FR
Voici pour terminer l'intérieur « fièvre de la jungle » : une sorte de forêt vierge. Il ne manque que les perroquets. C'est le biotope du décorateur floral Raf Verwimp. Il a transformé un ancien bâtiment d'école, ce qui explique les hauts plafonds et les espaces assez vastes. Verwimp adore les couleurs et le design insolite. Sa chambre à coucher est installée sur la mezzanine du living.

FR Dans le loft de Raf Verwimp se dressent de grands arbres tropicaux. Ils sont cependant loin d'être les seuls à meubler cet espace car Raf aime vivre dans un intérieur baroque plein d'objets en tous genres. Même si on n'y voit pas voler des perroquets, cette maison ressemble à une hutte en pleine jungle. Pourtant on est à Lierre, une petite ville historique non loin d'Anvers. Raf Verwimp n'est pas seulement artiste floral. Il crée aussi des objets en verre, en céramique et en bois pour l'entreprise néerlandaise *Des Pots*. En dehors de cela et d'autres activités personnelles, il se passionne pour son intérieur éclectique. Il prétend qu'une personne active ne doit pas trop réfléchir, mais agir. Il se rend partout, est curieux et multiplie les découvertes. Pour chiner, il se rend de préférence au marché aux puces de Bruxelles ou à la Kloosterstraat à Anvers. Ce « jungle loft » est aménagé dans un ancien bâtiment d'école qu'il a doté de fenêtres hautes de plusieurs mètres afin d'y laisser pénétrer un maximum de lumière. Son intérieur est chatoyant mais sa couleur préférée est l'orange. « Je ne suis pas un fan des intérieurs austères, trop rationnels à mon goût », raconte Raf. « J'aime un intérieur émotionnel où l'on peut exposer d'emblée tout ce qu'on trouve. Quand je compose des bouquets par exemple, je le fais sans trop réfléchir, en me laissant tout simplement porter par mon intuition. » Toutefois, il a aménagé sa maison de manière plutôt fonctionnelle avec une agréable mezzanine où il a installé une chambre à coucher, un petit salon et une salle de bains. De là, il jouit d'une splendide vue sur l'espace en contrebas et sur la vieille église située à deux pas.

EN
Two intimate spaces: the bedroom and the garden room near the patio. Notice the original rattan furniture from the Fifties: it matches the floor and brightly couloured walls perfectly. An exciting, intimate decor.

NL
Twee intieme hoeken: de slaapkamer en de tuinkamer naast het terras. Let ook op het originele rotanmeubilair uit de jaren 1950: het past perfect bij de vloer en de fel getinte wanden. Een opwekkend en tegelijk intiem decor.

FR
Deux coins intimes : la chambre à coucher et la pièce en rez-de-jardin à côté de la terrasse. Observez le mobilier original en rotin, des années 1950 : il se marie parfaitement avec le carrelage et les murs aux teintes vives. Quel décor tonifiant et intime !

CONTEMPORARY ARTS & CRAFTS

Tribute to Frank Lloyd Wright

The landscape isn't the only mysterious element here; this home is nestled in the ancient dunes in a forest along the Dutch-Belgian border. The undergrowth is dense, and the house itself is completely hidden from view. The first thing you see is the walls constructed from unpolished, natural boulders. The instant association with illustrious American architect Frank Lloyd Wright and his masterpiece, the Fallingwater mansion built over a brook, is self-evident. The person living in this extraordinary country manor, international fashion entrepreneur Michael Arts, spent years in the States, where he developed a fascination with Wright's creations. He was especially intrigued by the creations in which the master engages in dialogue with nature. Like Wright, Arts is enamoured with Japanese culture and the Japanese countryside. There are Japanese prints adorning the walls throughout the house, and the garden includes trees from the Land of the Rising Sun. Arts designed the manor house ten years ago, but it looks like it's been here for decades. It was envisioned as a very literal shelter, an overhanging rock in which visitors will discover a wide range of collector's items. The occupant has been collecting since childhood; for instance, he adores antique designer lamps. There are sitting nooks and living areas with fireplaces all over the house. Arts also appreciates virtuoso handcraft, as evidenced in the gorgeous portor marble and the Macassar ebony used lavishly throughout, even in the finish on the doors. This exemplifies the contemporary Arts & Crafts revival at the very highest level. The home derives its meditative impact from the forest and the garden, revealing glimpses through the wide windows from every corner.

NL Hier is niet alleen de omgeving mysterieus, maar ook de woning die rust op een oud duinenlandschap in een bos op de grens tussen België en Nederland. Doordat bijna alles begroeid is, merk je het pand amper op, het ligt helemaal verscholen. Het eerste wat je ervan ziet zijn trouwens ruwe, uit grote brokken natuursteen opgetrokken muren. Dat je meteen aan de illustere Amerikaanse architect Frank Lloyd Wright denkt, en dan ook nog aan zijn meesterwerk, de op een beek gebouwde Fallingwater, spreekt voor zich. De bewoner van dit bijzondere landhuis, internationaal fashionondernemer Michael Arts, woonde een hele tijd in de States en raakte daar gefascineerd door de creaties van Wright. Hij vindt vooral de ontwerpen waarin de meester dialogeert met de natuur uitermate boeiend. Net als Wright is Arts ook weg van de Japanse natuur en cultuur. Overal in dit huis hangen Japanse prenten en in de tuin staan bomen uit het land van de rijzende zon. Arts ontwierp het landhuis tien jaar geleden, maar je krijgt de indruk dat het er al decennia staat. Het is opgevat als een heuse schuilplaats, een overhangende rots waarin je een veelheid aan verzamelobjecten ontdekt. De bewoner verzamelt sinds zijn kinderjaren en is bijvoorbeeld tuk op antieke designlampen. Hij houdt trouwens van gedempt, zacht en poëtisch licht vol intimiteit. Overal ontdek je zit- en leefhoeken met openhaarden. Arts stelt ook virtuoos maatwerk op prijs, wat je merkt aan het prachtige portormarmer en het Makassar-ebbenhout waarmee zelfs de deuren werden gefineerd. Dit is een voorbeeld van de hedendaagse arts-and-craftsrevival van het hoogste niveau. De woning ontleent echter haar meditatieve kracht aan het bos en de tuin, waarvan je binnen overal glimpen opvangt dankzij de brede ramen.

EN
Michael Arts shares Frank Lloyd Wright's fascination with Japan. Besides Japanese prints, he also collects all sorts of Japanese and Asian plants that he has planted all around the house in dialogue with the geometric architecture, the concrete and the natural stone. The photo above was taken in the dining room slash kitchen, which links the intimate living room to the openness of the garden.

NL
Michael Arts deelt met Frank Lloyd Wright een fascinatie voor Japan. Naast Japanse prenten verzamelt hij allerlei Japanse en Aziatische planten die hij rond het huis heeft geplant en die dialogeren met de geometrische architectuur, het beton en het natuursteen. Hierboven vertoeven we in de eetkeuken, die een brug slaat tussen de intimiteit van de woonruimte en de openheid van de tuin.

FR
Michael Arts partage avec Frank Lloyd Wright une fascination pour le Japon. En plus des estampes japonaises, il collectionne les plantes japonaises et asiatiques, qui entourent la maison et dialoguent avec l'architecture géométrique, le béton et la pierre de taille. Ci-dessus, la cuisine-salle à manger assure la transition entre l'intimité du lieu de vie et l'ouverture du jardin.

FR Ici, le mystère est partout. Dans l'environnement, mais aussi dans la maison, édifiée au milieu d'un ancien paysage de dunes, dans une forêt à la frontière entre la Belgique et les Pays-Bas. La densité de la végétation est telle que le bâtiment, presque entièrement dissimulé, se remarque à peine. La première chose qu'on en voit, ce sont les murs porteurs en pierres taillées, qui évoquent irrésistiblement l'illustre architecte américain Frank Lloyd Wright, et surtout son chef-d'œuvre, Fallingwater, la Maison sur la Cascade. L'occupant de cette propriété originale, l'entrepreneur de mode international Michael Arts, a vécu un certain temps aux États-Unis, où les créations de Wright l'ont fasciné. Ses préférences vont à celles où le maître dialogue avec la nature. Comme Wright, Arts a subi l'influence de la nature et de la culture japonaises. Les estampes japonaises ont envahi toute la maison, et le jardin est planté d'arbres en provenance du pays du soleil levant. Cette maison de campagne a été créée par Arts il y une dizaine d'années, mais elle donne l'impression de totaliser de nombreuses décennies. Elle a été conçue comme un authentique abri sous roche, où s'entassent quantité d'objets de collection, réunis depuis l'enfance par Arts, qui raffole notamment des anciennes lampes design. Il aime d'ailleurs la lumière tamisée, douce et poétique, favorable à l'intimité, et il a prévu un peu partout des coins de repos avec feux ouverts. De plus, il apprécie la virtuosité sur mesure, comme en témoignent le marbre Portor et l'ébène de Macassar, qui rehausse même les portes. Exemple de renaissance des Arts & Crafts, la maison emprunte sa densité méditative à la forêt et au jardin, dont elle absorbe les effluves par ses larges baies vitrées.

EN
The exterior has a distinctively Constructivist silhouette, but round shapes also surprise the eye indoors, like this doorway between the living room and the large kitchen. This exceptional wall is covered in leather, as are some floors in the bedrooms. This rural home could not be imagined without its imposing garden filled with plants from the Far East. The forest garden makes the home feel extraordinarily intimate, yet monumental. Also note the numerous vintage lamps from the 1950s and the large slabs of natural stone on the floor. This house is a temple filled with contrasts between materials, light and dark, rough and smooth.

NL
Het exterieur heeft een uitgesproken constructivistisch silhouet. Binnen word je ook door ronde vormen verrast, zoals hier tussen de leefruimte en de grote keuken. Deze bijzondere wand werd bekleed met leder, zoals ook sommige vloeren van de slaapkamers. Dit landhuis is ondenkbaar zonder zijn imposante tuin vol oosters groen. Deze bostuin schenkt de woning een bijzondere intimiteit en monumentaliteit. Let ook op de talrijke vintagelampen uit de fifties en de grote blokken natuursteen op de grond. Dit huis is een tempel vol contrasten tussen materialen, licht en donker en ruw en glad.

FR
L'extérieur présente une silhouette résolument constructiviste, mais, à l'intérieur, les formes rondes surprennent, par exemple ici entre le séjour et la grande cuisine. Cette paroi particulière est tendue de cuir, de même que certains sols dans les chambres. Impossible d'imaginer cette maison sans son imposant jardin à l'orientale, qui lui confère intimité et monumentalité. Remarquez aussi les nombreuses lampes vintage des années cinquante et les gros blocs de pierre sur le sol. Une sorte de temple, dominé par les contrastes entre les matériaux, la lumière et l'ombre, le brut et le lisse.

Tribute to Frank Lloyd Wright

The Ocean Liner

PEARL OF MODERNISM

When we first visited his home, Xavier De Breucker stood waving to us from the top deck of his ocean liner, the pre-war icon he acquired a few years ago and then carefully restored. Architect Louis Herman De Koninck designed this monumental villa in 1936 and construction finished in 1938, right before the war. He drew it up for an engineer and a doctor. Himself a disciple of Victor Horta, De Koninck was one of the leading figures in functionalist architecture right after the First World War. He belongs in the flow of De Stijl and Bauhaus. Le Corbusier and Neutra admired and visited him, considering him one of the pioneers of modernism. The building has been preserved almost intact, even the door handles and wall furniture. The only thing missing was the original kitchen, which gave Xavier De Breucker the idea of putting the legendary modernist line of kitchens De Koninck launched in 1930, the Cubex kitchen, back into production and to reconstruct it here. Modular Cubex kitchens were a household name in the Benelux until the sixties and can be found in modern homes. Now they are back on the market. The interior is surprisingly modern, with an open living room containing several original pieces of design furniture and an office corner separated by a sliding door. The elegance of this home transcends the pure functionalism that architect De Koninck is invariably associated with.

EN Constructed around 1936 in an austere ocean-liner style, Villa Berteaux is one of architect Louis Herman De Koninck's most powerful designs. Its facades still have the original granite cladding with glass granules. The building underwent a light renovation in 2008 that preserved as many of the original elements as possible, up to and including the door handles and almost all floors and everything electrical. It is also completely surrounded by greenery and the roof terrace serves as a belvedere in the forest.

NL De villa Berteaux is een van de krachtigste ontwerpen van architect Louis Herman De Koninck, gerealiseerd rond 1936 in een strakke pakketbootstijl. De gevels hebben nog hun originele granitobekleding met glaskorrels. Het pand werd in 2008 zacht gerestaureerd, waarbij zo veel mogelijk originele elementen bewaard bleven, tot en met de deurklinken en vrijwel alle vloeren en elektriciteit. Het pand ligt helemaal in het groen en het dakterras dient als belvédère in het bos.

FR Réalisée vers 1936 dans un style paquebot épuré, la villa Berteaux est l'un des projets les plus puissants de l'architecte Louis Herman De Koninck. Les façades ont conservé leur revêtement de granito original, fait de fragments de verre. Le bâtiment a été restauré en 2008. On a alors cherché à conserver le plus d'éléments originaux possible, dont les poignées de porte et quasiment tous les sols et luminaires. La villa étant située en pleine nature, sa terrasse de toiture tient lieu de belvédère dans le bois.

NL Toen we deze woning voor het eerst bezochten, stond Xavier De Breucker op het bovendek van zijn pakketboot naar ons te zwaaien. Hij verwierf dit vooroorlogse icoon enkele jaren geleden en heeft het vervolgens voorzichtig gerestaureerd. Architect Louis Herman De Koninck ontwierp de villa in 1936 en tegen 1938 was het monument afgewerkt, net voor de oorlog. Hij tekende het voor een ingenieur en een arts. De Koninck, zelf een leerling van Victor Horta, was net na de eerste wereldbrand een van de tenoren van de functionalistische architectuur. Hij hoort thuis bij de flow van De Stijl en het Bauhaus. Hij werd overigens door Le Corbusier en Neutra bewonderd en bezocht, die hem als een van de pioniers van het modernisme beschouwden. Het pand is vrijwel perfect bewaard, tot en met de deurklinken en het wandmeubilair. Alleen de originele keuken ontbrak, wat Xavier De Breucker op het idee bracht om de legendarische modernistische keukenlijn die De Koninck in 1930 op de markt bracht, de Cubex-keukens, opnieuw in productie te brengen en hier te reconstrueren. Deze modulaire keukens waren tot in de jaren '60 een begrip in de Benelux en je treft ze zelfs nog in tal van moderne woningen aan. Nu zijn ze dus weer op de markt. Het interieur is verrassend modern, met een open woonkamer voorzien van een bureauhoekje dat zich laat afsluiten met een schuifdeur, en waar ook nog verschillende originele designmeubels staan. De elegantie van deze woning overstijgt het zuivere functionalisme waarmee architect De Koninck steevast wordt geassocieerd.

FR Lorsque nous avons visité cette habitation pour la première fois, Xavier De Breucker nous a fait signe depuis le pont supérieur de son paquebot. Il a acquis cette maison typique d'avant-guerre il y a quelques années et l'a ensuite prudemment restaurée. Conçue par Louis Herman De Koninck en 1936, cette maison a été achevée en 1938, juste avant la guerre. Elle était destinée à un ingénieur et à un médecin. De Koninck, lui-même élève de Victor Horta, a été après la Première Guerre mondiale l'un des porte-drapeaux de l'architecture fonctionnaliste. Son style s'inscrit dans la mouvance de De Stijl et du Bauhaus. De Koninck a d'ailleurs été admiré par Le Corbusier et Neutra, qui le considéraient comme l'un des pionniers du modernisme et lui rendaient visite. Le bâtiment a été conservé de manière presque intacte, jusque dans ses clenches de porte et son mobilier mural. Seule la cuisine d'origine avait disparu, ce qui a donné à Xavier De Breucker l'idée de produire de nouveau la ligne moderniste mise sur le marché par De Koninck en 1930, la célèbre Cubex, et de reconstituer la « sienne ». Jusque dans les années 1960, les cuisines modulaires Cubex étaient très connues dans le Benelux, si bien qu'on les rencontre encore dans de nombreuses habitations. Aujourd'hui, on peut donc à nouveau se les procurer. L'intérieur de la maison est étonnamment moderne, avec un séjour ouvert pourvu d'un coin bureau que l'on peut fermer par une porte coulissante et où l'on trouve encore quelques meubles design d'origine. L'élégance de ce lieu dépasse le pur fonctionnalisme auquel l'architecte De Koninck est systématiquement associé.

EN
The interior has been preserved surprisingly intact. The stairwell with the original granite steps is virtually untouched. The office, too, separated from the living room by a hinged sliding door, retains its Bauhaus style, with the original wall cabinet and desk. When the building was finished in 1936, tubular furniture was popular. The geometric lamp on the cabinet is a design by Jacques Adnet.

NL
Het interieur is verrassend gaaf bewaard. Het trappenhuis met de originele granitovloeren bleef zogoed als onaangeroerd. Ook het kantoor, dat door een paraventdeur van de woonkamer wordt gescheiden, ademt met de originele kast en het originele bureau nog helemaal de sfeer van het Bauhaustijdperk. Toen het pand in 1936 werd afgewerkt, waren buismeubels erg in trek. De geometrische lamp op de kast is een ontwerp van Jacques Adnet.

FR
L'intérieur est étonnamment bien conservé. La cage d'escalier et son sol de granito sont pratiquement intacts. Le bureau, qui est séparé du living-room par une porte-paravent, a également gardé toute son atmosphère Bauhaus, avec son armoire et sa table de travail d'origine. La lampe géométrique surmontant l'armoire est un projet de Jacques Adnet.

EN
The fireside was missing, prompting the architect to replace it with a new design with rounded corners referring to the exterior architecture. The most peculiar area is the kitchen, which is still partly original. In 1930 architect Louis Herman De Koninck launched a hypermodern kitchen-cupboard system called Cubex. Resident Xavier De Breucker brought this forgotten collection back to life, and here he lets us enjoy the new—black—Cubex kitchen, made just like its pre-war model.

NL
Het haardvuur was verdwenen en werd door de bouwheer vervangen door een nieuw ontwerp met afgeronde hoeken – een verwijzing naar de architectuur van het exterieur. Het meest bijzonder is de deels nog originele keuken. In 1930 pakte architect Louis Herman De Koninck uit met een hypermodern keukenkastensysteem, Cubex. Bewoner Xavier De Breucker wekte die vergeten collectie opnieuw tot leven en laat ons hier genieten van de nieuwe – zwarte – Cubexkeuken, die op dezelfde leest is geschoeid als het vooroorlogse model.

FR
L'âtre avait disparu et a été remplacé par un nouveau projet aux angles arrondis par le maître d'œuvre, faisant référence à l'architecture extérieure. L'élément le plus remarquable est la cuisine, qui est en partie originale. En 1930, Louis Herman De Koninck a créé un système d'armoires de cuisine révolutionnaire, baptisé Cubex. L'occupant de la maison, Xavier De Breucker, a redonné vie à cette ligne et nous propose la nouvelle cuisine Cubex, de couleur noire, reproduite d'après le modèle d'avant-guerre.

THiNK

Modernism AVANT GARDE HOUSE

When architect Nachman Kaplansky left Tel Aviv in 1925 to start a new life in Antwerp, the port city was completely enveloped in the Roaring Twenties. The avant-garde scene was alive and kicking, and many artists and architects lived there, including Ossip Zadkine and Le Corbusier, who also built a modern home there. Many of the architects loved modern lines, using flat roofs, angular structures without decorations, and wide windows. Those design elements were also the territory where architect Kaplansky felt at home when he finished this house in 1934. The residence is in a green, forested environment and its garden was designed by landscaper René Latinne, one of Belgium's most prominent landscape architects during the interbellum. Garden architects Bart Haverkamp and Peter Croes breathed new life into the garden this time around. The country home was recently restored by famous Antwerp-based bureau B-architecten and B-bis architecten in cooperation with Olga Perez. 'The building had been renovated twice since 1932, erasing some of its Bauhaus character, which we have now restored,' says Dirk Engelen from B-architecten. The interior is sleek and contemporary, exuding the atmosphere of Early Modernist architecture. The use of materials is also highly elegant and sophisticated, as Dirk explains, Referencing the terrazzo floors, the cabinets made from rosewood and walnut, and the travertine. The forests between Antwerp and the Dutch border boast quite a few Modernist gems.

NL Toen architect Nachman Kaplansky in 1925 uit Tel Aviv vertrok om zich in Antwerpen te vestigen was de havenstad helemaal in de ban van de *roaring twenties*. Er was een hele avant-gardescene actief en tal van kunstenaars en architecten hielden er halt, zoals Ossip Zadkine en Le Corbusier, die er ook een strak huis bouwde. Heel wat bouwheren waren tuk op de moderne architectuurlijn, met platte daken, hoekige constructies zonder versiering en brede ramen. Dat was ook de vormgeving waarin Kaplansky, die dit huis in 1934 afwerkte, zich thuis voelde. Het huis staat trouwens in een groene bosomgeving en de tuin werd destijds ontworpen door tuinarchitect René Latinne, die tijdens het interbellum een van de meest toonaangevende landschapsarchitecten van België was. De tuin werd nu trouwens opnieuw tot leven gewekt door tuinarchitecten Bart Haverkamp en Peter Croes. Het landhuis zelf werd onlangs gerestaureerd door het bekende Antwerpse bureau B-architecten en B-bis architecten in samenwerking met Olga Perez. 'Het pand werd na '34 tweemaal verbouwd en verloor een beetje zijn Bauhauskarakter, dat we nu hebben teruggeschonken', aldus Dirk Engelen van B-architecten. 'Het interieur is hedendaags strak, maar ademt toch de sfeer uit van het vroege modernisme. Het is ook qua materialen heel elegant en verfijnd', aldus Dirk. Hij verwijst naar de terrazzovloeren, de kasten van palissander en notelaar, en het travertijn. In de bossen tussen Antwerpen en de Nederlandse grens ontdek je trouwens nog heel wat parels uit het modernisme.

EN
The region around Antwerp remains a shining example of pre-war modern architecture. Quite a few sleek villas were built back then, generally with Constructivist masonry as a finishing touch. This villa experienced some degree of transformation later and was restored to Bauhaus style by B-architecten. This local architecture firm enhanced the building's interior and exterior architecture. The relatively wild garden also plays an important role, engaging in a subtle dialogue with the stark lines of the architecture.

NL
De regio rond Antwerpen blijft toonaangevend voor wat de vooroorlogse moderne architectuur betreft. Er werden heel wat strakke villa's gebouwd, meestal afgewerkt met constructivistisch metselwerk. Deze villa onderging later een zekere gedaanteverwisseling en werd door het bureau B-architecten hersteld in haar Bauhausstijl. Zowel interieur als exterieur werd de architectuur door hen versterkt. Daarbij speelt ook de vrij wilde tuin een belangrijke rol, die op een subtiele wijze dialogeert met de strakke architectuur.

FR
En matière d'architecture moderne d'avant-guerre, la région anversoise est sans équivalent. Dans la plupart des nombreuses villas épurées qui y ont été construites, la maçonnerie renvoie au constructivisme. Celle-ci ayant été transformée ultérieurement, le bureau B-architecten l'a restaurée dans son style Bauhaus. L'architecture a été renforcée, tant intérieurement qu'extérieurement, et le jardin à demi sauvage dialogue subtilement avec les lignes sobres du bâtiment.

FR Lorsque l'architecte Nachman Kaplansky a quitté Tel-Aviv pour Anvers en 1925, la cité portuaire était sous l'emprise des Roaring Twenties. L'avant-garde y était très active, et nombre d'artistes et d'architectes y faisaient halte, notamment Ossip Zadkine, ainsi que Le Corbusier, qui y a édifié une maison d'une grande pureté de lignes. Quantité de constructeurs raffolaient de l'architecture moderne, avec toitures plates, volumes anguleux sans fioritures et larges fenêtres, et l'architecte Kaplansky, qui a terminé cette maison en 1934, ne faisait pas exception à la règle. Le bâtiment se dresse d'ailleurs dans un environnement boisé, et le jardin, conçu par l'architecte paysagiste René Latinne, un des grands noms de l'entre-deux-guerres, a été ramené à la vie par les architectes de jardin Bart Haverkamp et Peter Croes. La maison elle-même a été restaurée récemment par un bureau anversois réputé, B-architecten et B-bis architecten en coopération avec Olga Perez. 'Les deux rénovations successives qu'elle avait subies après 1934 lui avaient fait perdre un peu de son caractère Bauhaus, que nous lui avons restitué', commente Dirk Engelen de B-architecten. L'intérieur combine la sobriété contemporaine avec l'ambiance du modernisme précoce. Et les matériaux utilisés assurent élégance et raffinement, poursuit Dirk, en désignant les sols en terrazzo, les armoires en palissandre et noyer, et le travertin. Les bois entre Anvers et la frontière néerlandaise abritent d'ailleurs d'autres perles du modernisme.

Modernism

EN
Before the restoration work, the interior had been fairly closed off due to later additions, which were erased to maximise the open-plan living space. The many windows make the garden a strongly surrounding presence. The interior is fairly plain, but the sculptural volumes make it extraordinarily powerful and pure. The architects and the commissioning client also opted for distinctive materials, such as the cupboards made of solid walnut and rosewood, as well as the travertine on the floors. These materials were also popular in the 1930s.

NL
Voor de restauratie zag het interieur er vrij gesloten uit door aanvullingen die in de loop der jaren gebeurden. Die werden weggegomd om een zo open mogelijke leefruimte te creëren. Door de vele vensters is de tuin alom aanwezig. Het interieur is vrij sober, maar door de sculpturale volumes bijzonder krachtig en zuiver. De architecten en de bouwheer kozen voor uitgelezen materialen, zoals kasten van massief notenhout en palissander, en travertijn op de vloeren. Die materialen waren ook in de jaren 1930 populair.

FR
L'intérieur, d'aspect plutôt fermé avant la restauration, a été transformé en un espace de vie aussi ouvert que possible par la suppression de certaines structures additionnelles. Grâce aux nombreuses fenêtres, le jardin est omniprésent. L'intérieur est assez sobre, mais ses volumes sculpturaux lui confèrent un mélange de puissance et de pureté. D'autant que les architectes et le maître d'ouvrage ont opté pour des matériaux raffinés, également appréciés dans les années 1930, comme le noyer et le palissandre massifs pour les armoires et le travertin pour les sols.

EN
The modern kitchen made from gorgeous granite is a contemporary creation that brings the nature indoors. It is a lovely example of the revival of customised craftsmanship and artisanal beauty in contemporary design. The concrete stairs dominate the open living space as a nod and a wink to a set of spiral stairs that Le Corbusier designed in 1929 for Charles de Beistegui's apartment in Paris.

NL
De strakke keuken met prachtig granito is een hedendaagse creatie die de natuur naar binnen haalt. Dit is een mooi voorbeeld van de revival van maatwerk en ambachtskunst in een actuele vormgeving. In de open leefruimte domineert de betonnen trap, die een knipoog is naar de draaitrap die Le Corbusier in 1929 ontwierp voor het appartement van Charles de Beistegui in Parijs.

FR
La cuisine épurée rehaussée de granito est une création contemporaine qui fait entrer la nature dans la maison. C'est un bel exemple de la renaissance du sur mesure et de l'artisanat dans l'esthétique actuelle. Le séjour largement ouvert est dominé par un escalier en béton, clin d'œil à l'escalier hélicoïdal conçu par Le Corbusier, en 1929, pour l'appartement de Charles de Beistegui à Paris.

Modernism

EN
Although the overall structure takes us back to pre-war Modernism, the interior is entirely appropriate to the current era, furnished with gorgeous vintage items from the 1950s, like the lounge chair by Harry Bertoia. In this interior, we also sense the silent come-back of delicate minimalism filled with playful details.

NL
Terwijl de algemene structuur ons terugvoert naar het vooroorlogse modernisme, is het interieur weer helemaal van onze tijd, en gestoffeerd met prachtige vintagemeubels uit de jaren 1950, zoals de lounge chair van Harry Bertoia. In dit interieur voelen we ook de stille comeback van delicaat minimalisme vol speelse details.

FR
Si la structure générale nous ramène au modernisme d'avant-guerre, l'intérieur est résolument ancré dans notre époque, avec de beaux meubles vintage des années 1950, dont la fameuse chaise longue de Harry Bertoia. Nous y percevons aussi le come-back discret d'un minimalisme délicat regorgeant de détails ludiques.

EN
In a quiet part of the garden, we discover this concrete pavilion designed by B-architecten. This is the yoga spot, from which the entire home can be viewed. The rough poured concrete gives the structure a Brutalist character. This garden room also serves as a guest accommodation, but is first and foremost a meditation space.

NL
Op een stille plek in de tuin ontdekken we dit betonnen paviljoen, ontworpen door de B-architecten. Dit is de yogaplek van waaruit je de hele woning kunt zien. Door het ruw gestorte beton kreeg het bouwwerk een brutalistisch karakter. Deze tuinkamer doet ook dienst als gastenverblijf, maar is in de eerste plaats een meditatieruimte.

FR
Au jardin, dans un endroit tranquille, nous découvrons ce pavillon de jardin en béton conçu par B-architecten. C'est une salle de yoga d'où le regard embrasse toute la maison. Le béton coulé donne à l'ensemble un caractère brutaliste. Ce pavillon de jardin sert aussi de maison d'hôtes, mais avant tout d'espace de méditation.

Seaside house

LOW COUNTRIES

Many centuries ago, this part of the southern Low Countries was much closer to the shore; the meandering dike on which the house stands was presumably built sometime in the Late Middle Ages. The landscape hardly looked any different back then, although the low-lying polderland would have consisted more of mud flats and tidal marshes. This house is less ancient, only dating back about 150 years, but it closely resembles the homes on the dikes that once stood here. Similar in shape to tents, their brick walls are made from local clay fired on the spot, topped by a simple gabled roof. It is protected from the north wind but more open to the south, facing the sun and the light. Sofie and Kim revel in their view of the vast landscape before them. When the wind blows through the grain fields, it's as though they were floating on the ocean waves. Interior architect Kim Verbiest travels extensively and loves older homes and the peace and quiet of the countryside. This house in the polder was a dream come true for their holiday home away from home. The old building was in deep disrepair when they bought it. It has been completely updated in a simple, rural, refined style. Check out the details in the lighting and the choice of furniture. The two doors hanging on the wall came from a fisherman's cottage in the Moroccan port city of Essaouira. Note the use of colours, too: largely very traditional, with a modern note here and there. The omnipresent wooden boards add an extra sense of warmth, security and rural charm.

NL Vele eeuwen terug lag deze plek in Zuid-Nederland nog bijna op het strand, want de kronkelende dijk waarop dit huis staat werd vermoedelijk in de late middeleeuwen aangelegd. Echt anders zag het landschap er amper uit, de lage polders waren toen meer slikken en schorren. Dit huis is minder oud, zo'n anderhalve eeuw, maar lijkt nog op de dijkhuizen die daar veel vroeger stonden. Het zijn een soort tenten, met wanden van baksteen, van ter plaatse gebakken klei, en daarop een simpel zadeldak. Het is beschut tegen de noorderwind en opent zich wat meer aan de zuidkant, naar de zon en het licht toe. Daar genieten Sofie en Kim van het immense landschap. Als de wind door het koren waait, is het alsof ze op zee dobberen. Interieurarchitecte Kim Verbiest reist veel en is tuk op oude huizen en rust. Dit pandje in de polder is dus voor hen een gedroomd vakantiehuis. Het oude pand zag er lang zo mooi niet uit. Het werd onlangs grondig opgefrist, op een eenvoudige, landelijke, maar geraffineerde wijze. Kijk maar naar de details van de verlichting en de uitgezochte meubels. Aan de wand hangen twee deuren uit een vissershuis afkomstig uit het Marokkaanse Essaouira. Let ook op de kleuren, die deels heel traditioneel zijn met hier en daar een modern accent. De alomtegenwoordige houten planken zorgen voor extra geborgenheid en landelijkheid.

EN
A dike house offers an entirely different experience of the polders. This house in the south of the Netherlands is just over a century old. These homes sheltered shepherds from the brisk North Sea winds, which is why the house is tucked away behind the dike. The compact little structure was ingeniously renovated with wooden walls and floors. The living room and the kitchen are a single entity. A Georgian carpet covers the floor, while the doors on the wall come from Essaouira. The guillotine windows offer a clear view of the garden and the expansive landscape on every side.

NL
In een dijkhuis ervaar je de polders op een volkomen andere manier. Dit huis in Zuid-Nederland is iets meer dan een eeuw oud. In dit soort woningen trotseerden schaapherders de Noordzeewind. Daarom ligt het huis achter de dijk. Het compacte pandje werd vindingrijk opgefrist met houten wanden en vloeren. Woonkamer en keuken vormen één geheel. Op de vloer ligt een Georgisch tapijt en de deuren aan de muur komen uit Essaouira. Vanuit de guillotineramen heb je aan alle kanten een zicht op de tuin en het wijde landschap.

FR
Dans une maison de digue, le contact avec les polders est exceptionnel. Celle-ci, située dans le Sud des Pays-Bas, date d'un peu plus d'un siècle. Autrefois, les bergers s'y abritaient pour échapper au vent de la Mer du Nord. C'est pourquoi elle a été construite derrière la digue. Ce bâtiment compact a été ingénieusement rénové avec des parois et des sols en bois. Le séjour et la cuisine forment un tout. Un tapis géorgien réchauffe la pièce et les portes accrochées au mur proviennent d'Essaouira. Les fenêtres à guillotine offrent une vue imprenable sur le jardin et la vastitude du paysage.

FR
Il y a de nombreux siècles, cet endroit dans le Sud des Pays-Bas se trouvait encore pratiquement à front de mer, car la digue sinueuse sur laquelle se dresse la maison remonte probablement à la fin du Moyen Âge. À l'époque, l'aspect du paysage devait être très différent, les polders ayant depuis lors remplacé vasières et marais salants. Le bâtiment, qui date d'un siècle et demi environ, ressemble encore aux anciennes maisons de digue. Ses murs sont faits de briques fabriquées avec de l'argile cuite sur place et il est surmonté d'un simple toit en bâtière. Protégé contre le vent du nord, il est ouvert, au sud, vers le soleil et la lumière. Sofie et Kim y jouissent de l'immensité du paysage. Lorsque le vent souffle sur les blés, c'est comme si la maison flottait sur la mer. Architecte d'intérieur, Kim Verbiest voyage beaucoup, et elle adore le calme et les vieilles maisons. Pour les deux femmes, cette maison au cœur du polder est donc un lieu de vacances idéal. Anciennement, elle était loin d'avoir aussi belle apparence. Elle a récemment bénéficié d'une rénovation simple et rurale, mais raffinée, dont témoignent les détails de l'éclairage et les meubles soigneusement sélectionnés. Au mur sont accrochées deux portes d'une maison de pêcheur, provenant d'Essaouira, au Maroc. Les couleurs sont surtout traditionnelles, avec çà et là un accent moderne. Le bois, omniprésent, assure un supplément de chaleur et de rusticité.

EN
Interior architect Kim Verbiest has designed many different homes. She loves giving old buildings a new lease on life without major renovations. Her main focus here was on the lines of sight. She deliberately opted to keep the windows small, intensifying the protective feeling of the holiday home. The wooden boards add a warm feeling, and nearly all the furniture is vintage.

NL
Interieurarchitecte Kim Verbiest heeft al heel wat woningen ingericht. Ze houdt ervan om oude panden een nieuw leven te schenken zonder ze zwaar te verbouwen. Hier ging haar aandacht vooral naar de doorzichten. Ze koos er ook bewust voor om de vensters klein te laten, precies om het beschermende gevoel van de vakantiewoning te versterken. De houten planken zorgen voor een warm gevoel en bijna al het meubilair is vintage.

FR
L'architecte d'intérieur Kim Verbiest a de nombreuses maisons à son actif. Elle aime offrir une nouvelle vie aux vieux bâtiments sans les transformer du tout au tout. Ici, son attention s'est surtout portée sur la vue. Elle s'est délibérément gardée d'agrandir les fenêtres, afin de renforcer l'impression protectrice produite par cette maison de vacances. Le bois transmet sa chaleur à l'intérieur et presque tout le mobilier est vintage.

THiNK

Fallingwater BRUTALISM

This house is not only situated in a thickly forested swamp irrigated by natural springs, it even has a brook flowing under it. It may not be the Fallingwater designed by Frank Lloyd Wright, but its ties to the surrounding wilds are at least as strong. Architect Marc Dessauvage designed his own home in 1972. He built it atop low concrete walls to avoid obstructing the course of the brook. Envisioning the house as a type of donjon, a residential tower with a central staircase, he used the Palladian cross of the La Rotonda villa as the basis for his design. Dessauvage loved the rough concrete of Brutalist architecture from the 1950s, which was when he completed his architecture studies. The same raw concrete is also palpably present throughout the inside of the building. The interior was originally envisioned as a large circulation space without doors. However, this architect-designed home had fallen into disrepair until recently, when visual designers Thomas Serruys and Katharina Smalle acquired the building and gave it a complete overhaul. The building was almost entirely enveloped by the forest. Thomas restored everything, without affecting its originality. He sells antique design in his gallery, but also designs and produces his own metal tables based on exceptional shapes reminiscent of spaceships; his design heroes are Diego Giacometti, Jean Royère and Christian Krekels. In his eyes, this unusual forest home in a curated wilderness is a strong source of inspiration.

Fallingwater

EN

The home where Belgian architect Marc Dessauvage lives is considered one of the more remarkable creations from the 1970s. Rather than favouring the fashionable 1970s lines, his architecture tended more towards Brutalism. In the course of his career, spanning barely twenty years, he designed many churches and convents, and the Romanesque flavour of those structures tinges this space as well. The interior has been envisioned as a tower stairwell, with open spaces surrounding central concrete stairs.

NL

De woning van de Belgische architect Marc Dessauvage wordt als een van de markantste creaties van de jaren 1970 beschouwd. Hij was geen aanhanger van de modieuze seventieslijn, maar een architect die meer aanleunde bij het brutalisme. In zijn amper twintig jaar durende carrière ontwierp hij veel kerken en kloosters, waarvan de romaanse sfeer hier wat is blijven hangen. Het interieur is opgevat als een traptoren, met open ruimtes rond een centrale betonnen trap.

FR

La maison de l'architecte belge Marc Dessauvage est considérée comme une des créations les plus marquantes des années 1970. Loin d'être adepte de la ligne architecturale de l'époque, il adhérait plutôt au Brutalisme. Au cours de ses quelque vingt ans de carrière, il a d'ailleurs construit nombre d'églises et de monastères, ce qui explique l'atmosphère romane qui règne ici. L'intérieur a été conçu comme une tour escalier, avec des espaces ouverts autour d'un escalier central en béton.

NL Dit huis staat niet alleen in een moerasbos vol bronnen, er stroomt zelfs een beek onderdoor. Het is niet Fallingwater van Frank Lloyd Wright, maar de band met de omliggende wilde natuur is minstens even sterk. Architect Marc Dessauvage ontwierp zijn eigen woning in 1972. Hij bouwde ze op betonnen muurtjes om de loop van het water van de beek niet te hinderen. Hij vatte het huis op als een soort donjon, een woontoren met een centrale trap, en gebruikte als basis het palladiaanse kruis van de villa La Rotonda. Dessauvage hield van het ruwe beton van het brutalisme uit de jaren 1950. In die periode studeerde hij trouwens af als architect. Ook binnen is het ruwe beton alomtegenwoordig. Het interieur is opgevat als een grote circulatieruimte zonder deuren. Deze architectenwoning stond er tot voor kort echter verkommerd bij, tot beeldend ontwerpers Thomas Serruys en Katharina Smalle het pand verwierven en opkalefaterden. Het werd bijna door de bomen verslonden. Thomas heeft alles hersteld, zonder aan de originaliteit te raken. Hij is niet alleen actief als designantiquair, maar ontwerpt en maakt ook zelf metalen tafels met bijzondere vormen die doen denken aan ruimteschepen. Zijn grote voorbeelden zijn Diego Giacometti, Jean Royère en Christian Krekels. Voor hem is dit ongewone boshuis in een beheerste wildernis een inspiratiebron.

FR Non seulement cette maison s'élève dans un bois marécageux constellé de sources, mais un ruisseau coule au-dessous. Ce n'est pas Fallingwater de Frank Lloyd Wright, mais son lien avec la nature sauvage est au moins aussi fort. L'architecte Marc Dessauvage, qui l'a construite à son propre usage en 1972, l'a édifiée sur des murets en béton afin de ne pas entraver le cours de l'eau. Il l'a conçue comme une sorte de donjon, une tour d'habitation avec un escalier central, basée sur la croix palladienne de la villa La Rotonda. Dessauvage aimait le béton brut caractéristique du Brutalisme des années 1950, époque où il avait terminé ses études d'architecte. Même l'intérieur, vaste espace de circulation sans portes, est dominé par ce matériau. Jusqu'il y a peu, cependant, cette maison d'architecte, progressivement envahie par la végétation, périclitait. Ce sont les designers Thomas Serruys et Katharina Smalle qui l'ont acquise et lui ont redonné vie, en la restaurant de fond en comble, sans lui ôter son originalité. En plus d'être un antiquaire du design, Serruys crée et fabrique lui-même des tables métalliques aux formes étranges, qui font penser à des vaisseaux spatiaux. Ses modèles sont Diego Giacometti, Jean Royère et Christian Krekels. Pour lui, cette habitation insolite au milieu d'un environnement sauvage mais maîtrisé est une source d'inspiration.

EN
The house is in the middle of a forest over a brook, which flows beneath the floors. Daily life follows the rhythms of nature here. The home was recently renovated by Thomas Serruys, who finds and sells antique designer furniture, but also designs his own tables and interior sculptures. Over the years, he has assembled an exquisite collection of art and design from the 1960s and 1970s.

NL
De woning staat midden in een bos op een beek, waardoor het water dus onder je voeten door stroomt. Hier leef je dagelijks mee met de natuur. De woning werd onlangs gerestaureerd door Thomas Serruys, die actief is als designantiquair, maar ook zelf tafels en interieursculpturen ontwerpt. In de loop van de jaren verzamelde hij een exquise collectie kunst en design uit de jaren 1960 en 1970.

FR
Dans cette maison qui se dresse au milieu d'un bois, avec un ruisseau qui coule au-dessous, le contact avec la nature se décline au quotidien. Elle a été restaurée récemment par Thomas Serruys, qui travaille à temps partiel comme antiquaire du design, mais crée aussi des tables et des sculptures d'intérieur. Au fil des ans, il a réuni une exquise collection d'art et de design des années 1960 et 1970.

THiNK

New Zealand

THE FORMER BARN

We won't be going around the world to New Zealand; instead, we'll be spending some time along the coast of the southern Netherlands, in the Province of Zeeland, visiting an unusual country home envisioned as a contemporary residential barn. It is immediately clear that the people who live here, the owners of the Bellerose fashion brand, are enthusiastic globe-trotters; you can even see influences of the spacious villas designed by Richard Neutra back in the day. This house was designed by the occupants in collaboration with Rotterdam-based occupant Maartje Lammers. The starting point was an old barn built in the 1950s with a wooden ridgepole. The wood all over the house, inside and out, references the former barn. The uneven surface of the floorboards indoors and the large wall made of unpolished schist even give a nod and a wink to Frank Lloyd Wright. Most of the 1950s design comes from Scandinavia. The building is very open, offering a near-360° view of the polderland meadows, yet providing a solid sense of security. A number of floating walls create lots of intimacy and a fairly complex circulation. The combination of exotic wood, jatoba for the floor, and the countless copper accents add a nautical note to the overall impression. The occupants are passionate sailors who come here to enjoy the peace and quiet of the pure, natural countryside, dotted in farms with large barns – and no villas.

NL We gaan niet naar Nieuw-Zeeland, maar vertoeven even aan de kust van Zuid-Nederland, in Zeeland, om er een ongewoon landhuis te bezoeken, opgevat als een moderne woonschuur. Je merkt meteen dat de bewoners, eigenaren van het kledingmerk Bellerose, de wereld rondreizen. Je voelt hier zelfs wat invloed van de riante villa's die destijds door Richard Neutra werden ontworpen. Dit huis is een creatie van de bewoners in samenwerking met de Rotterdamse architecte Maartje Lammers. Het uitgangspunt is een oude schuur uit de jaren 1950 met een houten spant. Het hout, dat zowel binnen als buiten alomtegenwoordig is, verwijst naar de vroegere schuur. Binnen knipogen het grillige verloop van de plankenvloeren en de grote wand van ruwe schist zelfs even naar Frank Lloyd Wright. Het meeste design uit de jaren 1950 komt echter uit Scandinavië. Het gebouw is heel open, je krijgt een quasi 360° graden groot uitzicht op de polder, en toch is er behoorlijk wat geborgenheid. Een aantal losse wanden zorgt voor veel intimiteit en een vrij complexe circulatie. De combinatie van exotisch hout, jatoba voor de vloer, en de talrijke koperen accenten geven het geheel een maritieme toets. De bewoners zijn immers ook gedreven zeilers die hier komen genieten van de rust van het pure platteland zonder villa's en met boerderijen met grote schuren.

EN
This is absolutely one of the most original houses, not just because of the landscape, but above all due to its unique structure and unusual details. The exterior is reminiscent of a 1950s building, thanks to the wooden ridgepole that carries the entire construction. The result is a canopy house, open on one side and closed off with wood walls towards the more intimate end, which houses the sleeping quarters.

NL
Dit is ongetwijfeld een van de meest originele woningen, niet zozeer vanwege het landschap, maar vooral door de unieke structuur en aparte afwerking. Het exterieur doet denken aan een fiftiesgebouw. Daar heeft het houten spant dat de constructie draagt ook alles mee te maken. Zo ontstond een luifelwoning die aan de intieme zijde, waar de slaapvertrekken zijn, met houten wanden is afgesloten.

FR
Cette maison est certainement une des plus originales, moins à cause du paysage dans lequel elle s'intègre qu'en raison de sa structure et de sa finition exceptionnelles. Extérieurement, elle rappelle un bâtiment des années cinquante. La charpente qui supporte la construction en fait une maison canopée, dont l'extrémité intime, où se trouvent les chambres, se termine par des parois de bois.

FR
Nous ne partons pas pour la Nouvelle-Zélande, mais pour la Zélande, au sud des Pays-Bas, afin de visiter une propriété insolite, conçue comme une grange résidentielle contemporaine. Les habitants, propriétaires de la marque de vêtements Bellerose, sont manifestement des globe-trotters : dans leur environnement, même l'influence des élégantes villas de Richard Neutra se fait sentir. Le bâtiment est une création conjointe des occupants et de Maartje Lammers, architecte à Rotterdam. Le point de départ est une vieille grange des années 1950, avec une charpente en bois. Le bois, qui est omniprésent, tant à l'intérieur qu'à l'extérieur, renvoie donc à la grange primitive. La disposition capricieuse des planchers et le grand mur de schiste brut sont un clin d'œil à Frank Lloyd Wright. Mais le design des années 1950 provient en majeure partie de Scandinavie. Bien que le bâtiment, largement ouvert, offre un panorama à 360° sur le polder, la chaleur et la sécurité sont préservées. Une série de murs indépendants assurent une grande intimité et une circulation complexe. La combinaison de bois exotiques – du jatoba pour le sol – et de nombreux accents cuivrés confère à l'ensemble une touche maritime. Les occupants sont en effet des plaisanciers chevronnés, qui viennent ici jouir du calme d'une campagne constellée de fermes, avec de vastes granges et sans villas.

EN
The omnipresent openness in no way obstructs the intimacy of the interior, finished in rough blocks of natural stone and a wooden floor in an irregular pattern. The impression made by all these natural materials is intensified by a collection of vintage Scandinavian furniture amassed over many years

NL
De alomtegenwoordige openheid verstoort nergens de intimiteit van het interieur, dat afgewerkt werd met ruwe blokken natuursteen en een houten vloer met een onregelmatig patroon. De uitstraling van al die natuurlijke materialen wordt nog versterkt door een collectie Scandinavische vintage die in de loop van vele jaren werd verzameld.

FR
Si ouvert que soit le bâtiment, l'intérieur, avec ses blocs de pierre brute et son sol en bois au motif irrégulier, ne manque pas d'intimité. Le rayonnement de tous ces matériaux naturels est encore renforcé par une collection d'objets scandinaves vintage, collectés au fil des années.

New Zealand

EN
The extensive use of wood and the feeling that the house is floating above the water on a pontoon also gives it a maritime feel. Unsurprising, since the occupants are enthusiastic sailors, and this country home (we deliberately avoid calling it a villa) is just a stone's throw from the sea. Until a few centuries ago, this reclaimed polderland was still beneath the sea.

NL
Door het vele hout en het gevoel dat de woning op een ponton boven het water drijft, hangt hier een maritieme sfeer. Wat niet verwondert, want de bewoners zijn fervente zeilers en dit landhuis – we noemen het bewust geen villa – ligt ook op een steenworp van de zee. Dit polderlandschap was tot een paar eeuwen geleden gewoon 'zeeland'.

FR
L'abondance du bois et l'impression que la maison flotte au-dessus de l'eau sur un ponton contribuent à créer une ambiance maritime. Ce qui n'a rien d'étonnant, car les habitants sont des passionnés de voile, et cette propriété, qui n'a rien d'une villa, est située à un jet de pierre de la mer. La mer qui recouvrait, jusqu'il y a quelques siècles, ce paysage de polders.

Wonderful Things

MILK FACTORY

Its residents call this building—actually, a cluster of buildings—situated in the heart of the elegant Dutch city of The Hague 'our little design factory'. It used to be a dairy factory, and the connection with design is obvious. Mary Hessing and Toon Lauwen live there and run their international lifestyle magazine from there: *WOTH* or *Wonderful Things Magazine*. Where cows were once milked, the living room and kitchen are now located. And where the hayloft used to be, the children now sleep! The black-and-white tile baseboard that made it possible to clean this former urban farm runs through the building like a common thread. Milk is not the only Dutch nectar; our neighbours from the north are also good at making marvellous magazines, and they have a knack for interior design too. The building was originally constructed as a dairy cooperative in 1884 and became an artist commune in the seventies. Mary later inherited it from her father and renovated it together with her partner, Toon Lauwen, a design journalist and cofounder of *WOTH*. They reused old building materials like doors and plank floors, dividing the space with glass doors that create enhanced transparency toward the garden and the garage, with its vintage 1974 Mercedes SLC 350. Decoration is artistic and bohemian, spiced up with quite a lot of vintage finds, like the Eileen Gray bench and the Eames bucket chairs. Because of the dynamic distribution, nothing really has a fixed spot. The large spaces are used for parties for the artistic beau monde, since Mary and Toon have an impressive international network.

NL De bewoners noemen hun pand – het gaat om een cluster van gebouwen – in het hartje van de elegante Nederlandse stad Den Haag 'ons designfabriekje'. Het was ooit een melkfabriek en de link met design ligt voor de hand. Want Mary Hessing en Toon Lauwen wonen er niet alleen, ze runnen hier ook hun internationale lifestyleblad *WOTH, Wonderful Things Magazine*. Waar ooit koeien werden gemolken, bevindt zich nu de leefruimte en de keuken. En waar de kinderen slapen was de hooizolder! De zwart-witte tegelplint die het schoonhouden van deze vroegere stadsboerderij mogelijk maakte, loopt als een rode draad doorheen de woning. Niet alleen melk is een Nederlandse nectar, onze noorderburen zijn ook goed in het maken van mooie magazines en ze zijn sterk in interieurdesign. Het gebouw werd in 1884 opgetrokken als coöperatieve melkfabriek en fungeerde in de jaren 70 van vorige eeuw als kunstenaarscommune. Mary erfde het van haar vader en knapte alles op samen met haar partner, Toon Lauwen, die actief is als designjournalist en samen met haar *WOTH* oprichtte. Ze hergebruikten oude bouwmaterialen zoals deuren en plankenvloeren, en verdeelden de ruimte met glazen ramen die de transparantie versterken naar de tuin en de garage toe, waar een vintage Mercedes SLC 350 uit 1974 staat. De aankleding van de ruimten is artistiek en bohemien, gestoffeerd met nogal wat vintage trouvailles, zoals de bank van Eileen Gray en de kuipstoelen van Eames. Door de dynamische inrichting heeft niets echt een vaste plek. In de grote ruimten organiseren ze feesten voor de artistieke beau monde, want Mary en Toon beschikken over een internationaal netwerk van formaat.

EN
What a peculiar building right in the very heart of The Hague! It is not even a real house but a cluster of buildings with an industrial past. It is hard to imagine now, but this was once an urban farm with dairy cows. Many elements are reminiscent of the old days, like the black-and-white tile baseboard. Because of the openness and space, the central living area is a loft opening onto an inner garden and blending into the spacious kitchen. An ideal spot, too, for Mary and Toon to entertain guests.

NL
Wat een bijzonder pand in hartje Den Haag! Het is trouwens niet eens een echt huis, maar een cluster van gebouwen met een industrieel verleden, want ooit was dit een stadsboerderij waar melkkoeien stonden. Je kunt je dat nu nog moeilijk voorstellen. Toch herinneren nog veel elementen aan toen, zoals de zwart-witte tegelplint. Door de openheid en de ruimte is het centrale woongedeelte een loft die uitgeeft op een binnentuin en één geheel vormt met de ruime keuken. Voor Mary en Toon is dit een ideale plek om vrienden te ontvangen.

FR
Quelle surprise de rencontrer un tel bâtiment au cœur de La Haye ! Ce n'est d'ailleurs pas une véritable maison, mais une agglomérat de bâtiments au passé industriel, plus précisément une ferme urbaine où l'on élevait des vaches laitières. Difficile de l'imaginer aujourd'hui, même si plusieurs éléments, comme le carrelage noir et blanc qui recouvre le bas des murs, rappellent cette époque. Ouvert et spacieux, le corps de logis central a été transformé en loft donnant sur un jardin intérieur et formant un tout avec la vaste cuisine. Pour Mary et Toon, c'est aussi le lieu idéal pour recevoir des amis.

FR
Ses habitants appellent leur maison – en réalité un ensemble de bâtiments – au cœur de l'élégante ville La Haye, aux Pays-Bas, « notre petite usine à design ». C'était autrefois une laiterie, autrement dit, une « usine à lait ». Quant au lien avec le design, il saute aux yeux. En effet, Mary Hessing et Toon Lauwen ne se contentent pas de vivre ici, ils y gèrent aussi une revue lifestyle internationale baptisée *WOTH*, *Wonderful Things Magazine*. Là où l'on trayait les vaches, on trouve aujourd'hui le séjour et la cuisine. Et là où les enfants dorment, c'était le grenier à foin ! La bande de carrelage noir et banc qui permettait de nettoyer facilement cette ancienne ferme urbaine sert de leitmotiv à l'habitation. Non seulement le lait est une spécialité néerlandaise, mais nos voisins du Nord excellent dans la fabrication de beaux magazines et le design d'intérieur. Le bâtiment a été construit en tant que coopérative laitière en 1884 et est devenu une commune d'artistes dans les années 1970. Mary l'a hérité de son père et entièrement restauré avec son compagnon, Toon Lauwen, journaliste design et cocréateur avec elle de *WOTH*. Ils ont réutilisé des éléments anciens comme les portes ou les parquets, et divisé l'espace grâce à des fenêtres qui renforcent la transparence en direction du jardin et du garage, où trône une Mercedes SLC 350 de 1974. La décoration est artistique et bohème, enrichie de nombreuses trouvailles vintage, comme le banc d'Eileen Gray et les chaises d'Eames. L'aménagement étant conçu de façon dynamique, rien n'a vraiment de place fixe. Dans les grandes pièces, Mary et Toon, qui ont tissé un large réseau international, organisent des fêtes pour l'élite artistique.

EN
Mary and Toon have been active in the world of design for years, and it shows. The Dutch design scene, moreover, enjoys worldwide renown. The result of their network betrays itself in a rich collection of furniture, objects, and artworks that cover the interior with a thick layer of design items. Look at the magnificent kitchen, too, with its wall covered in Moroccan zellige that combines with the industrial lamps to create a radical, contemporary mix. This is an interior full of grandeur and surprises, in part thanks to the unusual floor plan and the special interior views it creates. The large entrance even sports a vintage Mercedes.

NL
Je merkt dat Mary en Toon al jaren actief zijn in de designwereld. De Nederlandse designscene geniet trouwens een wereldwijde faam. Het resultaat van hun netwerk verraadt zich in een rijke collectie meubels, objecten en kunstwerken die het interieur onderdompelen in een designbad. Kijk ook naar de schitterende keuken met de volledig met Marokkaanse zelliges betegelde wand; de industriële lampen creëren een radicale, hedendaagse mix. Dit is een interieur vol grandeur en verrassingen, niet het minst door het ongewone grondplan, dat bijzondere doorzichten oplevert. In de inkompoort staat zelfs een vintage Mercedes te glimmen!

FR
On s'aperçoit vite que Mary et Toon travaillent depuis longtemps dans le monde de la création. Le design néerlandais est il est vrai renommé dans le monde entier. Leur appartenance à ce réseau se traduit par une riche collection de meubles, d'objets et d'œuvres d'art qui plongent l'intérieur dans une atmosphère design. Admirez aussi la magnifique cuisine avec son mur couvert de zelliges marocains et ses lampes industrielles, qui se rencontrent en un mix radicalement contemporain. Ce décor combine grandeur et surprises, ne fût-ce qu'en raison de son plan inhabituel, qui crée des perspectives particulières. Il y a même une Mercedes vintage qui trône dans le hall d'entrée.

EN
Once upstairs, you discover this unlikely hayloft. Imagine, it used to be a hay barn right in the middle of town! Where once the cows' feed was kept, people now sleep. The parents sleep on a kind of intermediate floor, in rooms detached from the space around them, fitted with a glass wall on the window side. As for the children, they sleep upstairs, under the roof, in separate units. Note the ubiquitous brick vaulted ceilings and cast-iron columns that hark back to the industrial architecture of the past.

NL
Boven ontdek je deze onwaarschijnlijke zolder. Dit was ooit een hooiopslagplaats, midden in de stad! Waar destijds het voedsel van de koeien werd bewaard, wordt nu geslapen. De ouders slapen op een soort van tussenverdieping, in kamers die losstaan in de ruimte en aan de vensterzijde voorzien zijn van een glazen wand. De kinderen slapen boven, onder het dak, in aparte boxen. Let ook op de bakstenen gewelven en de gietijzeren zuilen die je overal ziet en die herinneren aan de industriële architectuur van vroeger.

FR
À l'étage, on découvre un improbable grenier. C'était autrefois un fenil. Là où l'on stockait la nourriture des vaches, il y a aujourd'hui des chambres. Les parents dorment dans une sorte d'entre-étage, dans des pièces isolées de l'espace, pourvues côté fenêtres d'une paroi vitrée. Les enfants dorment en haut, sous le toit, dans des alcôves séparées. Remarquez aussi les voûtes de briques et les piliers en fonte, omniprésents, qui évoquent l'architecture industrielle du passé.

THiNK

HISTORIC HOUSE

Upstairs & Downstairs

Downstairs you walk through a stately townhouse with spacious drawing rooms and a monumental staircase, and upstairs you discover a kind of loft with a roof terrace: in this townhouse in Ghent, architect Xavier Donck surprises us with his original 'upstairs' and 'downstairs'. Original because they are not like the typical London townhouse where staff live below. This 'downstairs' is a spacious reception area conceived as the piano nobile of an age-old townhouse. The building is, in fact, partly from the sixteenth century. You enter through a beautiful eighteenth-century front door that opens onto a spacious entrance hall with an antique bluestone floor. This central area provides access to all the rooms. You notice at once that there are no doors, creating wonderful deep perspectives and allowing you to immediately see the interior with its works of art. Xavier and his wife Karin are especially fascinated by the unpredictable structure of old buildings. Downstairs, the building's residents live alongside the city, but upstairs, two storeys high, he created a loft under the roof and a spacious terrace. The small service staircase that leads up to them contrasts strikingly with their abundant space and light. It is an extra living area for yoga, cultural meditation, and receiving friends. 'You know,' architect Xavier Donck says, 'luxury does not mean having a swimming pool or an exceptional number of bathrooms or anything like that, but different places in your home where you can spend time. That way, you travel around in your own home.'

NL Beneden loop je door een statig herenhuis met royale salons en een monumentale trap en boven ontdek je een soort loft met dakterras: in dit Gentse herenhuis verrast architect Xavier Donck ons met zijn originele 'upstairs' en 'downstairs'. Geen upstairs en downstairs zoals in een Londens herenhuis met in de kelder de leefwereld van het personeel. Hier is de 'downstairs' een royale ontvangstruimte, opgevat als de *piano nobile* van een eeuwenoud herenhuis. Het pand is trouwens deels zestiende-eeuws. Je komt binnen via een mooie achttiende-eeuwse voordeur en belandt dan in een ruime hal met een antieke vloer van blauwe hardsteen. Dit is een centrale ruimte vanwaaruit je alle kamers kunt betreden. Bij het binnenkomen merk je meteen dat alle deuren openstaan, wat schitterende dieptezichten oplevert en je meteen toelaat om het interieur met de kunstwerken te zien. Xavier en zijn vrouw Karin vinden vooral de onvoorspelbare structuur van oude gebouwen fascinerend. Beneden leven de bewoners met de stad mee, maar boven, tweehoog, creëerde Xavier een loft onder het dak, voorzien van een ruim terras. Je komt er via de kleine diensttrap, waardoor je zo'n open en zonovergoten ruimte niet meteen verwacht. Dit is een extra leefruimte voor yoga, culturele meditatie en het ontvangen van vrienden. 'Weet je,' zegt architect Xavier Donck, 'luxe betekent niet dat je een zwembad hebt of extra veel badkamers of zo, maar verschillende plekken in je woning waar je kunt vertoeven. Zo reis je rond in je eigen woning.'

EN
This may be the oldest building in this book, an old townhouse in the middle of Ghent parts of which date back to the 17th and 18th centuries. The abundant stuccowork, chimneys, and floors are mainly late 18th century. The residents, architect Xavier and Karin Donck, are keen on the intimacy afforded by the building, which has many different facets; it also houses their fascinating collection of contemporary art and vintage design items. Almost all the downstairs doors were removed in order to create an open living space, with the entrance hall seamlessly connecting to the salons.

NL
Dit is wellicht het oudste pand uit het boek: een herenhuis in hartje Gent, waarvan delen uit de zeventiende en achttiende eeuw stammen. Het vele stucwerk, de schouwen en de vloeren zijn hoofdzakelijk laatachttiende-eeuws. De bewoners, architect Xavier Donck en zijn vrouw Karin, zijn weg van de intimiteit van het pand, dat veel hoeken en kanten heeft en plaats biedt aan hun boeiende verzameling hedendaagse kunst en vintage design. Beneden werden vrijwel alle deuren verwijderd om een open leefruimte te creëren, waarbij de hal naadloos overgaat in de salons.

FR
Voici probablement le plus ancien bâtiment de cet ouvrage. Il s'agit d'un hôtel de maître situé au cœur de Gand, dont certaines parties datent des XVIIe et XVIIIe siècles. Les nombreux stucs, les cheminées et les sols remontent essentiellement au XVIIIe siècle. Les occupants, l'architecte Xavier Donck et son épouse Karin, adorent l'intimé du lieu, qui offre de nombreux coins et recoins et abrite avec bonheur leur passionnante collection d'art et de design vintage. Au rez-de-chaussée, on a en revanche retiré presque toutes les portes afin de créer un séjour ouvert, dans lequel le hall d'entrée se prolonge avec fluidité dans les salons.

FR
Au rez-de-chaussée, c'est un hôtel de maître majestueux avec des salons spacieux et un escalier monumental. À l'étage, on découvre une sorte de loft avec terrasse de toiture. Dans cette maison gantoise, Xavier Donck, architecte, joue sur ce contraste *upstairs* et *downstairs*. Mais pas comme dans ces demeures bourgeoises londoniennes où la cave était le domaine du personnel. Ici, le bas se présente comme un vaste espace de réception conçu comme le *piano nobile* des hôtels anciens. Le bâtiment date en partie du XVIe siècle. On y pénètre par une jolie porte du XVIIIe siècle, donnant accès à un large vestibule qui a conservé son pavement de pierre bleue. C'est un espace central, qui dessert l'ensemble des pièces. En entrant, on remarque que toutes les portes sont ouvertes. Cela crée de splendides perspectives et permet déjà de deviner l'intérieur, avec ses œuvres d'art. Ce que Xavier et sa femme Karin aiment surtout dans les bâtiments anciens, c'est leur structure imprévisible. En bas, les habitants vivent au rythme de la ville, mais au deuxième, l'architecte a créé un loft surmonté d'une grande terrasse de toiture. On y accède par un étroit escalier de service qui est loin de laisser présager un espace ouvert et baigné de soleil. La terrasse est un espace de vie supplémentaire servant au yoga, à la méditation culturelle et à la réception d'amis. « Vous savez », explique Xavier Donck, « le luxe ne consiste pas à posséder une piscine ou plusieurs salles de bains, mais bien des pièces de vie à différents endroits. Elles permettent de voyager dans sa propre habitation. »

EN
Here we are looking across the ground floor at the eating area with its fantastic round table by designer Jules Wabbes. In this place, you live amongst art. This house has no garden, but just a courtyard whose main function is to attract light. The building does lie in the heart of the city, with which it shares its privacy.

NL
Hier kijk je door het benedenhuis naar de eethoek met de prachtige ronde tafel van designer Jules Wabbes. Op deze plek leef je tussen de kunst. Het is dan wel een huis zonder tuin en met alleen een binnenkoer – die overigens veel licht binnenhaalt – maar het pand is ideaal gelegen in het hart van de stad, waarmee het zijn intimiteit deelt.

FR
Notre regard traverse le rez-de-chaussée vers la salle à manger et sa splendide table ronde signée Jules Wabbes. Ici, on vit au milieu d'œuvres d'art. Dépourvue de véritable jardin, la maison possède seulement une cour, attire la lumière à l'intérieur. Mais elle se trouve au cœur de la ville, avec laquelle elle partage son intimité.

EN
Once inside, you come across the new kitchen and the spacious Empire-style spiral staircase, built at the beginning of the 19th century, when such constructions were genuine status symbols. The staircase also lends the spacious house extra allure. Note the beautiful marble floors, typical of the period.

NL
Als je binnenkomt, bots je op de nieuwe keuken en op de fraaie draaitrap in empirestijl, gebouwd in het begin van de negentiende eeuw, toen dergelijke constructies heuse statussymbolen waren. De trap verschaft het riante pand extra allure. Let ook op de prachtige marmeren vloeren, typisch voor deze epoque.

FR
À l'intérieur, on découvre la nouvelle cuisine et un bel escalier en colimaçon de style Empire, construit au début du XIXe siècle, quand ces hôtels étaient encore de véritables symboles de statut. Cet escalier ajoute de l'allure à un ensemble déjà très stylé. Observez aussi les magnifiques sols de marbre, caractéristiques de l'époque.

EN
On the first floor you enter the sleeping quarters with the walk-in closet and bathroom. The residents are keen on Italy and its glass mosaics, of course, which were lavishly applied. The glass-paste tiles lend the whole place a contemporary aura while also providing colour contrast with the white walls and ceilings.

NL
Eenhoog kom je in de slaapvertrekken met de inloopkast en de badkamer. De bewoners zijn tuk op Italië en vanzelfsprekend ook op Italiaans glasmozaïek, dat hier royaal werd toegepast. De tegels van glaspasta geven het geheel een hedendaagse uitstraling en vormen een kleurcontrast met de witte wanden en plafonds.

FR
Au premier, on trouve les chambres, assorties d'un dressing et d'une salle de bains. Les occupants sont passionnés par l'Italie et bien entendu par sa mosaïque de pâte de verre, qui a été généreusement utilisée. Les tesselles donnent à l'ensemble un rayonnement contemporain et créent un contraste coloré avec les murs et les plafonds blancs.

EN
In this small top-floor corner, you discover a kind of loft under the roof with lots of vintage design items by famous architects and sculptors, such as the Jean Prouvé work table, the Harry Bertoia chairs, and the small Boemerang tables by Willy Van Der Meeren. This roof apartment is not only the house's meditation and yoga room, but also a place for entertaining friends on the roof terrace in summer. Downstairs is the winter house, upstairs the summer house.

NL
In dit hoekje van het bovenhuis, in een soort loft onder het dak, ontdek je heel wat vintage design van beroemde architecten en beeldhouwers, zoals de werktafel van Jean Prouvé, stoelen van Harry Bertoia en de Boemerangtafeltjes van Willy Van Der Meeren. Dit dakappartement fungeert niet alleen als meditatie- en yogaruimte, maar is ook de plek waar 's zomers, op het dakterras, vrienden worden ontvangen. Downstairs is het winterhuis, upstairs het zomerhuis.

FR
Dans cette partie de l'étage, un loft, rempli de design vintage d'architectes et de sculpteurs connus, a été aménagé sous le toit. On y remarque un bureau de Jean Prouvé, des chaises d'Harry Bertoia et les tables Boomerang de Willy Van Der Meeren. Cet « appartement » sert non seulement d'espace de yoga et de méditation, mais aussi, avec sa terrasse de toiture, de lieu de réception pour les amis pendant la belle saison. Ce bâtiment est en quelque sorte double : maison d'hiver en bas, maison d'été en haut.

Simply Jewels

ECLECTIC MIX

Like jewels, interiors should never be simple or boring, says jewel designer Trissia Stavropoulos who, together with her sisters, Jasmin and Hannah, designs gold jewellery. The Stavros Sisters' collection has today become universally known. They didn't start out as jewel designers, but through their father, a diamond trader, they did develop from an early age a fascination for jewels. In fact, they would wear jewels as young girls, a tradition still very much alive on the Greek islands. One day they decided to launch a collection of their own, meant for young people. In addition, they only use 18-carat gold, on its own and combined with diamonds. Although Trissia likes austerity, she doesn't find minimalist interiors particularly exciting: 'Because I have this thing for objects that I like to see everywhere in an interior. They really are like jewels on a body.' The interior's background is white, but the objects provide colour. Pureness in style she also finds boring. 'The younger generation loves to have an eclectic mix of different styles,' she explains. To furnish her Antwerp townhouse she also called on interior decorator Paulette Van Hacht, who combines the most unlikely elements, including the marvellous Moroccan rugs. Trissia's husband, pilot Guido Kell, also contributed.

EN
Here we are looking inside an Antwerp townhouse from around 1890, resuscitated by Trissia Stavropoulos' refreshing interior. She likes using a white base and adding colourful accents that take the shape of numerous objects and finds, like the Moroccan rugs from Paulette van Hacht's collection. The big eye-catchers in the eating area are the Il Laboratorio dell'Imperfetto wall sculptures. Flower arranger Raf Verwimp also created some 'jungle fever' here.

NL
Hier kijk je binnen in het Antwerpse herenhuis van rond 1890 dat Trissia Stavropoulos met een verfrissend interieur opnieuw tot leven wekte. Trissia houdt van een witte basis met kleurrijke accenten in de vorm van talrijke objecten en trouvailles. Zoals de Marokkaanse tapijten uit de collectie van Paulette van Hacht. Blikvanger in de eethoek zijn de wandsculpturen van Il Laboratorio dell'Imperfetto. Bloembinder Raf Verwimp zorgde er voor wat 'jungle fever'.

FR
Nous découvrons ici l'intérieur d'une maison de maître anversoise des environs de 1890 à laquelle Trissia Stavropoulos a redonné vie grâce à un décor neuf et frais. Elle aime que la base soit blanche et que les accents de couleur soient apportés par une quantité d'objets et de trouvailles. Comme les tapis marocains de la collection de Paulette van Hacht. Les sculptures murales du Laboratorio dell'Imperfetto captent le regard dans le coin à manger, où le fleuriste Raf Verwimp a créé une atmosphère « jungle fever ».

NL Net zoals juwelen mag een interieur niet saai of te eenvoudig zijn, vindt Trissia Stavropoulos, die samen met haar zussen Jasmin en Hannah gouden juwelen ontwerpt. De collectie van de Stavros Sisters is ondertussen alom bekend. Aanvankelijk waren ze niet als juweelontwerpers actief, maar via hun vader, die diamanthandelaar is, raakten ze al in hun jeugdjaren door juwelen gefascineerd. Als jonge meisjes droegen ze graag juwelen, een traditie die nog steeds heel levendig is op de Griekse eilanden. Op een dag besloten ze om uit te pakken met een eigen collectie, bedoeld voor jonge mensen. Ze gebruiken bovendien enkel goud van 18 karaat, al dan niet gecombineerd met diamanten. Hoewel Trissia van eenvoud houdt, vindt ze minimalistische interieurs niet echt spannend: 'Ik heb wat met objecten, die ik graag overal in het interieur zie. Ze zijn echt wel als juwelen op een lichaam.' De basis van het interieur is wit, maar de objecten, zorgen voor kleur. Ook stijlzuiverheid vindt ze saai. 'De jonge generatie houdt van een eclectische mix van stijlen', legt ze uit. Voor de aankleding van haar Antwerpse herenhuis heeft ze samengewerkt met interieurstyliste Paulette Van Hacht, die de meest onwaarschijnlijke elementen samenbrengt en hier ook voor de prachtige Marokkaanse tapijten heeft gezorgd. Maar ook de man van Trissia, piloot Guido Kell, droeg zijn steentje bij.

FR Comme les bijoux, je pense que les intérieurs ne doivent pas être trop simples ou ennuyeux, raconte Trissia Stavropoulos, qui crée des bijoux en or avec ses sœurs Jasmin et Hannah. La collection des Stavros Sisters est aujourd'hui bien connue. Elles n'ont pas pratiqué ce métier d'emblée, mais *via* leur père, qui est diamantaire. Elles ont été fascinées dès l'enfance par les bijoux. Elles aimaient en porter quand elles étaient jeunes filles, une tradition qui est encore bien vivace aujourd'hui dans les îles grecques. Un jour, elles ont décidé de lancer leur propre ligne destinée aux jeunes. Elles utilisent exclusivement de l'or à 18 carats combiné ou non avec des diamants. Même si Trissia aime la simplicité, elle ne trouve rien de très passionnant aux intérieurs minimalistes : « J'aime les objets et je veux en voir partout dans la maison. Ils sont pour moi exactement comme les bijoux que nous portons. » La base de la décoration est blanche, mais les objets apportent de la couleur. Trissia trouve aussi qu'une trop grande unité de style finit par lasser. « La jeune génération aime les mélanges éclectiques », explique-t-elle. Pour habiller sa maison de maître anversoise, elle a travaillé avec la styliste Paulette Van Hacht, qui marie les éléments les plus improbables et a choisi de magnifiques tapis marocains. Le mari de Trissia, le pilote d'avion Guido Kell, a également apporté sa pierre.

EN
Taking a quick look into the bedroom, we see its mysterious black wall and Danish sideboard with vintage ceramics. Next, the lovely city garden with a splendid hand-knotted Moroccan rug. Here you again breathe in the house's Mediterranean atmosphere.

NL
Je kijkt nog even in de slaapkamer met de mysterieuze zwarte wand en het Deense buffet met vintage keramiek, om vervolgens in de leuke stadstuin te belanden waar een prachtig handgeknoopt Marokkaans tapijt ligt. Hier snuif je opnieuw de mediterrane sfeer van het huis op.

FR
Jetons un rapide regard dans la chambre à coucher avec son mystérieux mur noir et son buffet danois orné de céramique vintage. Ensuite, nous arrivons dans le joli jardin de ville, décoré d'un splendide tapis marocain noué à la main. L'atmosphère méditerranéenne de la maison y est bien présente.

The Bauhaus Icon

ROARING TWENTIES

A lot of iconic homes are impossible to get into. So it was with this home, Brussels architect Caroline Notté's pied-à-terre. In 1923, young architect Louis Herman De Koninck (1896-1984) built it for himself in Brussels' green belt. At first, it was simply a bungalow; he later added two floors. De Koninck was fascinated with modernism and admired the experiments conducted by Theo van Doesburg, Piet Mondriaan, and Gerrit Rietveld, but also those by Henry Van de Velde, who had founded the Weimar art school that would later become Bauhaus. De Koninck knew them all personally. In France he met celebrities such as Le Corbusier, Chareau, and Mallet-Stevens. Here they stepped into his home. Their souls are still wandering around, says Caroline Notté, who just beams in this iconic place. 'It's not just the fact that everything has remained virtually untouched that is so enchanting, but the whole structure appeals to the imagination. To many people, modern architecture means monumental buildings, but here they're wrong and you feel what Le Corbusier meant with his Modulor system of designing homes based on human measurements.' The place is ideal for a green pied-à-terre. In a flash of Corbusier inspiration, Caroline Notté had the walls of the sitting corner painted blue. Another sitting corner on the garden side she had converted in gold leaf. She doesn't like cold and sleek interiors and surrounds herself with numerous works of art, like the Armand Jonckers table, pictures by Benoît Feron, drawings by Paulo Climachauska, and textiles by Joana Vasconcelos. In addition to working as an architect and decorating homes, shops, and restaurants, Caroline is also an art photographer.

EN

This exceptional house is an icon of modernist architecture. Brussels avant-garde architect Louis Herman De Koninck built the ground floor in 1923 in a purely functional style that relates to the first Bauhaus creations and the logic of De Stijl. You can see Mondriaan and Van Doesburg even in the glass windows and mosaic floors. At the end of the sixties he added two floors. The building has been preserved almost perfectly, including all the details and lighting elements.

NL

Dit bijzondere huis is een icoon van het Moderne Bouwen. De Brusselse avant-gardearchitect Louis Herman De Koninck bouwde de benedenverdieping in 1923 in een zuiver functionele stijl die aanleunt bij de eerste Bauhauscreaties en de logica van De Stijl. Je herkent Mondriaan en Van Doesburg zelfs in de glasramen en mozaïekvloeren. Eind jaren 60 trok De Koninck het huis twee verdiepingen op. Het pand bleef nagenoeg perfect bewaard, inclusief alle details en verlichtingselementen.

FR

Cette maison particulière est une réalisation typiquement moderniste. L'architecte bruxellois d'avant-garde Louis Herman De Koninck a construit l'étage inférieur en 1923 dans un style purement fonctionnel inspiré par les premières créations du Bauhaus et la logique de De Stijl. On reconnaît l'influence de Mondriaan et de Van Doesburg jusque dans les vitraux er les sols en mosaïque. À la fin des années 1960, il y a ajouté deux étages. Le bâtiment a été conservé de façon presque intacte, y compris dans ses détails architecturaux et ses éléments d'éclairage.

NL In tal van iconische huizen raak je nooit binnen. Tot voor kort gold dat ook voor dit huis, waar de Brusselse architecte Caroline Notté een pied-à-terre heeft. In 1923 bouwde de jonge architect Louis Herman De Koninck (1896-1984) het voor zichzelf, in de groene rand van Brussel. Eerst was het een simpele bungalow, later voegde hij er twee verdiepingen aan toe. De Koninck was in de ban van het modernisme en bewonderde de experimenten van Theo van Doesburg, Piet Mondriaan en Gerrit Rietveld. Hij koesterde ook bewondering voor Henry Van de Velde, die in Weimar zijn kunstschool had opgestart, waaruit later het Bauhaus zou ontstaan. De Koninck kende ze allemaal persoonlijk. In Frankrijk ontmoette hij Le Corbusier, Chareau en Mallet-Stevens. Hier kwamen die beroemdheden over de vloer. Hun zielen waren hier nog rond, vertelt Caroline Notté, die opbloeit op deze iconische plek. 'Niet enkel het feit dat alles bijna onaangeroerd bewaard bleef is betoverend, ook de hele structuur spreekt tot de verbeelding. Velen denken bij moderne architectuur steeds aan monumentaliteit, maar hier klopt dat niet en voel je ook wat Le Corbusier bedoelde met zijn Modulor-systeem, waarbij hij woningen ontwierp op een menselijke maat.' De plek is ideaal voor een pied-à-terre in het groen. Caroline liet de wanden van de zithoek blauw schilderen, een ingeving van Le Corbusier. Een andere zithoek aan de tuinzijde bekleedde ze met bladgoud. Ze houdt niet van koele en strakke interieurs en omringt zich met veel kunstwerken, zoals de tafel van Armand Jonckers, foto's van Benoît Feron, tekeningen van Paulo Climachauska en textielwerk van Joana Vasconcelos. Caroline is actief als architecte, richt daarnaast woningen, winkels en restaurants in en is ook zelf kunstfotografe.

FR Les maisons iconiques ne se visitent généralement pas. Jusqu'à il y a peu, c'était aussi le cas de celle où l'architecte belge Caroline Notté a établi son pied-à-terre. En 1923, un jeune architecte du nom de Louis Herman De Koninck (1896-1984) l'a construite dans la périphérie verte de Bruxelles. Cela a d'abord été un simple bungalow, puis il a ajouté deux étages. De Koninck était un admirateur du modernisme et en particulier des expériences de Theo van Doesburg, Piet Mondrian et Gerrit Rietveld. Mais aussi d'Henry Van de Velde, fondateur à Weimar d'une école d'art qui a plus tard donné naissance au Bauhaus. De Koninck les connaissait personnellement. En France, il avait rencontré Le Corbusier, Chareau et Mallet-Stevens. Plusieurs grands noms sont venus dans cette maison. Leur esprit était encore présent, raconte Caroline Notté, qui s'épanouit dans ce lieu mythique. « Ce n'est pas seulement le fait que tout soit resté intact qui est fascinant. La totalité de la structure frappe. Beaucoup pensent que l'architecture moderne est synonyme de monumentalité, mais ici, cela ne se vérifie pas. On perçoit bien ce que Le Corbusier voulait faire avec son système métrique Modulor, en vertu duquel il concevait des maisons en partant des proportions humaines. » Ce lieu est idéal comme pied-à-terre entouré de végétation. Caroline Notté a fait peindre les murs de son salon en bleu, une couleur inspirée par Le Corbusier. Pour l'autre salon, situé côté jardin, elle a choisi un revêtement en feuille d'or. Caroline, qui n'aime pas les intérieurs stricts et glacés, s'entoure de nombreuses œuvres d'art, comme la table d'Armand Jonckers, les photos de Benoît Feron, les dessins de Paulo Climachauska et les textiles de Joana Vasconcelos. Architecte, la jeune femme aménage des habitations, des magasins et des restaurants et se consacre aussi à la photographie d'art.

The Bauhaus Icon

EN
Architect Caroline Notté applied an original approach to the interior by, among other things, covering a sitting area in gold leaf. Note the baseboards, which were covered with typically Dutch white tiles. This is an old tradition going back to the 17th century that makes its first appearances in Vermeer's paintings. Caroline opted for deep-blue walls and select vintage furniture by artists that include Alvar Aalto and Hans Wegner. The metal coffee table is by Belgian artist Armand Jonckers.

NL
Architecte Caroline Notté heeft het interieur op originele wijze benaderd door onder meer een zitruimte met bladgoud te bekleden. Voor de plinten op de wanden is gebruikgemaakt van oud-Hollandse witjes: een oude traditie die teruggaat tot in de zeventiende eeuw – de tegeltjes zijn bijvoorbeeld te zien op schilderijen van Vermeer. Caroline koos voor diepblauwe wanden en uitgelezen vintage meubilair van onder anderen Alvar Aalto en Hans Wegner. De metalen salontafel is van de Belgische kunstenaar Armand Jonckers.

FR
L'architecte Caroline Notté a abordé la décoration intérieure de manière originale en revêtant notamment un coin-salon de feuilles d'or. Remarquez aussi les plinthes, revêtues de carreaux blancs à la mode néerlandaise. Il s'agit d'une technique traditionnelle remontant au XVIIe siècle et que l'on observe déjà sur les peintures de Vermeer. Caroline a opté pour des murs bleu intense et du mobilier vintage soigneusement sélectionné, dont des pièces d'Alvar Aalto et d'Hans Wegner. La table de salon vintage est l'œuvre de l'artiste belge Armand Jonckers.

The Bauhaus Icon

EN
You can also enjoy the original entrance hall and relief that represents the architect's wife. Behind the original Wegner daybed are vases by Ettore Sottsass and a small Jean-François d'Or lamp. The vase on the windowsill is by Arik Levy and the rugs come from Michel Antoine's collection. The eating area with vintage table and Warren Platner chairs offers a view that stretches into the garden.

NL
Je geniet ook van de originele hal met het reliëf dat de vrouw van de bouwmeester voorstelt. Achter de originele slaapbank van Wegner staan vazen van Ettore Sottsass en een lampje van Jean-François D'Or. De vaas op de vensterbank is van Arik Levy en de tapijten komen uit de collectie van Michel Antoine. Vanuit de eethoek met de vintage tafel en stoelen van Warren Platner reikt het oog tot in de tuin.

FR
La maison a conservé son hall d'entrée d'origine, orné d'un relief représentant la femme de l'architecte. Derrière le canapé original de Wegner, on aperçoit des vases d'Ettore Sottsass et une petite lampe de Jean-François d'Or. Le vase posé sur l'appui de fenêtre est signé Arik Levy et les tapis viennent de la collection de Michel Antoine. La salle à manger, avec sa table vintage et les chaises de Warren Platner, permet de voir le jardin par transparence.

Art & Design

FIND-FILLED HOUSE

Dries Vanlandschoote lost his heart to Italy, but lives in Bruges. He travels up and down the Boot all the time in search of post-war vintage items and art. 'I used to drive out to Scandinavia, but it's much more boring there', he says. 'Design pieces from the north tend to look more alike, and you seldom discover something new. Italy, on the other hand, is full of surprises. There were workshops everywhere with unusual creations ranging from lamps to ceramics. You wouldn't believe it! It was usually craftwork that was produced in small to very small numbers. And everything was usually finished in a very delicate, meticulous way.' You had the same thing in Belgium in the fifties and sixties, when wonderful designer ceramics and tile tables were made by names that are today universally known among collectors and include Perignem, Amphora, and Pia Manu. Not only does Dries discover artworks and objects in Italy, he also goes there to admire special architectural creations from the post-war period. He never leafs through new magazines but is always keen on going through old magazines and books. 'I don't need to know post-war trends. I prefer to discover forgotten artists', he confesses. Eventually a small number of his finds end up in his personal collection at home, where he lives surrounded by paintings and sculptures by Luc Peire, Michel Martens, and Pierre Caille. In fact, he has a relatively large work by Renato Nicolodi right in the middle of his living room. His collection is also gradually evolving from design to the visual arts.

NL Dries Vanlandschoote heeft zijn hart verloren aan Italië, maar woont in Brugge. Om de haverklap reist hij door de Italiaanse laars op zoek naar naoorlogse vintage en kunst. 'Vroeger reed ik naar Scandinavië, maar het is daar veel saaier', legt hij uit. 'Designstukken uit het Noorden lijken ook allemaal meer op elkaar en je ontdekt er zelden iets nieuws. Italië daarentegen zit vol verrassingen, overal zijn er ateliers die met ongewone creaties uitpakken, van lampen tot keramiek. Je houdt het niet voor mogelijk! Meestal gaat het om kleine artisanale ateliers die met hun creaties vrijwel alleen de lokale markt bereiken. En meestal zijn de stukken die ze aanbieden, virtuoos afgewerkt.' Dat had je in de jaren '50 en '60 ook in België, waar prachtige designkeramiek en tegeltafels werden gemaakt. Denk maar aan bij verzamelaars ondertussen alom bekende namen als Perignem, Amphora of Pia Manu. Dries ontdekt in Italië niet enkel kunstwerken en objecten, maar bewondert er ook bijzondere architecturale creaties uit de naoorlogse tijd. Hij doorbladert nooit nieuwe magazines, want hij is tuk op oude tijdschriften en boeken. 'Ik hoef de naoorlogse trends niet te kennen; ik ontdek liever vergeten kunstenaars', bekent hij. Uiteindelijk belandt een deeltje van zijn trouvailles in zijn persoonlijke collectie thuis. Daar leeft hij tussen de schilderijen en beelden van Luc Peire, Michel Martens en Pierre Caille. Midden in zijn leefkamer staat trouwens een vrij groot werk van Renato Nicolodi. Stilaan evolueert zijn galerie van design naar beeldende kunst.

EN
This house is a cabinet full of post-war avant-garde art. Just look at the Luc Peire paintings, the Pierre Caille sculptures, and the vintage Gerrit Rietveld Zig-Zag chair (p. 109). In the middle of the living room stands an architectural construction by Renato Nicolodi. The marble sculpture on the base is by Jean-Luc Verpoucke; the works behind it are by Alexander Schleber and Gilbert Swimberghe. The floor lamp is by Giuseppe Ostuni, the chair by Alvar Aalto, and the book shelves by Pierre Chapo. The sculpture on the table is by Piet van Loocke and the lamp above it by Gaetano Sciolari. The chairs around the table are by Leon Stynen, Christophe Gevers, Maarten Van Severen, and Vincent Strebelle.

NL
Dit huis is een kunstkabinet vol naoorlogse avant-gardekunst. Kijk maar naar de schilderijen van Luc Peire, de beelden van Pierre Caille en de vintage Zigzagstoel van Gerrit Rietveld (p. 109). Midden in de woonkamer staat een architecturale installatie van Renato Nicolodi. Het marmeren beeld op de sokkel is van Jean-Luc Verpoucke; daarachter hangen werken van Alexander Schleber en Gilbert Swimberghe. De vloerlamp is van Giuseppe Ostuni, de zetel van Alvar Aalto en de bibliotheek van Pierre Chapo. Het beeld op de tafel is van Piet van Loocke, de lamp boven de tafel van Gaetano Sciolari. Rond de tafel staan stoelen van Léon Stynen, Christophe Gevers, Maarten Van Severen en Vincent Strebelle.

FR
Cette maison est un cabinet d'art regorgeant d'œuvres d'avant-garde d'après-guerre. Admirez les peintures de Luc Peire, les sculptures de Pierre Caille et la chaise Zig-Zag de Gerrit Rietveld (p. 109). Le centre de la salle de séjour est occupé par une installation architecturale de Renato Nicolodi. La statue de marbre sur un socle est de Jean-Luc Verpoucke, les œuvres visibles à l'arrière-plan d'Alexander Schleber et de Gilbert Swimberghe. Le lampadaire est signé Giuseppe Ostuni, le siège Alvar Aalto et la bibliothèque Pierre Chapo. La sculpture posée sur la table est un travail de Piet van Loocke. La lampe est de Gaetano Sciolari. La table est entourée de chaises de Léon Stynen, Christophe Gevers, Maarten Van Severen et Vincent Strebelle.

FR
Le cœur de Dries Vanlandschoote est en Italie, mais il vit à Bruges. Il ne rate pas une occasion de se rendre dans la péninsule pour y chercher du design et de l'art d'après-guerre. « Dans le temps, je voyageais en Scandinavie, mais on s'y ennuie beaucoup plus », explique-t-il. « Les pièces de design du Nord se ressemblent toutes un peu et on y découvre rarement des nouveautés. L'Italie est en revanche pleine de surprises. Le pays comptait une foule d'ateliers qui ont créé des choses originales, que ce soient des lampes ou de la céramique. C'est incroyable ! Il s'agit le plus souvent de petites productions ou d'objets qui ont à peine été fabriqués. Généralement, la finition est ni plus ni moins virtuose. » Ces qualités existaient aussi dans les années 1950 et 1960 en Belgique, où des céramiques et des carrelages magnifiques ont été créés. Je pense surtout à des noms désormais bien connus des collectionneurs, comme Perignem, Amphora ou Pia Manu. En Italie, Dries ne se contente pas de chiner des œuvres et des objets d'art, il admire aussi des créations particulières de l'architecture d'après-guerre. Il ne feuillette jamais de magazines neufs, mais est dingue de revues et de livres anciens. « Les tendances d'après-guerre ne m'intéressent pas, je préfère découvrir des artistes oubliés », reconnaît-il. Une partie de ses trouvailles aboutissent dans sa collection personnelle, chez lui, où il vit parmi les peintures et les sculptures de Luc Peire, Michel Martens et de Pierre Caille. Une assez grande œuvre de Renato Nicolodi trône en outre dans son séjour. La galerie de Dries évolue progressivement du design vers les arts plastiques.

EN
Dries looks for select furniture and art that you seldom see. The blue Lido garden chairs by Fratelli Giudici, for example. On the left a glass sculpture by Michel Martens. The bronze sculptures on the next page are by Steffen Christensen (top) and by Pol Spilliaert (bottom). The renovation was carried out by architect Van Oyen.

NL
Dries zoekt uitgelezen meubilair en kunst die je zelden ziet. De blauwe tuinstoelen zijn de Lido-exemplaren van Fratelli Giudici. Links op de voorgrond trekt een glasscultuur van Michel Martens de aandacht. De bronzen beelden op de rechterpagina zijn van Steffen Christensen (boven) en van Pol Spilliaert (onder). Het huis werd verbouwd door architect Van Oyen.

FR
Dries cherche du mobilier exclusif et de l'art que l'on voit rarement. Les chaises de jardin bleues appartiennent au modèle Lido de Fratelli Giudici. À gauche, on peut voir une sculpture en verre de Michel Martens. Les statues de bronze à la page suivante sont respectivement de Steffen Christensen (en haut) et de Pol Spilliaert (en dessous). La maison a été rénovée par l'architecte Van Oyen.

THiNK

Mediterranean

THE BRICK HOUSE

Architect Bruno Erpicum finds deep perspectives and light extremely inspiring. He has built quite a few sleek and monumental mansions on the Mediterranean coast, always maintaining symbiosis with the surrounding landscape. Over the years, his style has become more and more sculptural through the use of rough concrete or rocks. Because of its form and the use of very long and narrow bricks from Toulouse, this mansion, located on the edge of the Sonian Forest, also looks just like a big, constructivist sculpture. It is discreetly located behind other houses and rests against the forest. Maintaining a dialogue with the surroundings was enormously important to the architect that drew it, who also made sure that the building's open structure did not compromise its privacy. The bricks and designer Christophe Spehar's rocky garden make you feel as if you are in the south of France. The light reflecting on the water surfaces outside enhances one's experience of the architecture inside. Through his use of a relatively irregular floor plan, Erpicum created exciting interior views. The residents of the house, Elisabeth Vanderhasselt and Tangui Vandenput, consider it a place for meditation. Having started her career dealing in vintage design items, Elisabeth has no trouble at all finding inspiration for the decoration of this rural mansion, a task in which she was assisted by her friend Caroline Notté, who is mentioned in another home in this book.

EN
Architect Bruno Erpicum loves homes that are discreetly ensconced in the landscape and engage in a dialogue with it. This home lies at the edge of a big forest and was given a somewhat rough landscape garden by designer Christophe Spehar. Erpicum based the house's architecture on sleek lines, enhancing them by choosing glass surfaces and long, red bricks from Toulouse as building materials. The floor plan is fairly irregular and several inner gardens draw the landscape inside. Decoration is artistic and laid-back.

NL
Architect Bruno Erpicum houdt van woningen die zich discreet verschansen in het landschap en er een dialoog mee aangaan. Deze woning ligt aan de rand van een groot bos en kreeg van ontwerper Christophe Spehar een ietwat ruwe landschapstuin toebedeeld. Erpicum bedacht het huis met een strak uitgelijnde architectuur, die nog versterkt wordt door de glasvlakken en lange, rode bakstenen uit Toulouse. Het grondplan is vrij onregelmatig en de woning heeft diverse binnentuinen die het landschap in huis halen. De inrichting oogt ontspannen en artistiek.

FR
L'architecte Bruno Erpicum aime que ses habitations s'intègrent discrètement au paysage et nouent un dialogue avec ce dernier. Située en lisière d'un grand bois, cette habitation a été entourée d'un jardin paysager assez brut de Christophe Spehar. Bruno Erpicum a voulu une architecture aux lignes nettes, renforcée par le choix des matériaux : surfaces vitrées et briques rouges, allongées, de Toulouse. Le plan au sol est assez irrégulier et l'habitation possède divers jardins intérieurs qui attirent l'environnement jusqu'au cœur des murs. La décoration est informelle et artistique.

NL
Voor architect Bruno Erpicum zijn dieptezichten en licht uitermate inspirerend. Hij bouwde heel wat strakke en monumentale landhuizen aan de Middellandse Zee, telkens in symbiose met het landschap. Met de jaren werd het sculpturale element in zijn architectuur geprononceerder door het gebruik van ruw beton of rotsblokken. Ook dit landhuis aan de rand van het Zoniënwoud lijkt door zijn vorm en het gebruik van heel lange en smalle bakstenen uit Toulouse net een groot, constructivistisch beeldhouwwerk. De woning ligt discreet achter de andere huizen en rust tegen een bos aan. De architect hecht bijzonder veel belang aan de dialoog met de omgeving. Hij let erop dat het huis ook wat privacy betreft goed is beschermd, ondanks de open structuur. Door de bakstenen en de rotsachtige tuin van ontwerper Christophe Spehar waan je je hier even in Zuid-Frankrijk. De lichtweerkaatsingen van de watervlakken zorgen binnen voor een extra beleving van de architectuur. Door het gebruik van een vrij onregelmatig grondplan heeft architect Erpicum spannende doorzichten gecreëerd. Voor bewoners Elisabeth Vanderhasselt en Tangui Vandenput is dit een meditatieve plek. Elisabeth begon haar carrière trouwens ooit in de handel van vintage design, waardoor ze moeiteloos inspiratie vond om dit landelijke huis te stofferen. Ze liet zich bijstaan door haar vriendin Caroline Notté, die we in dit boek in een andere woning ontmoeten.

FR
Pour Bruno Erpicum, les perspectives et la lumière sont une immense source d'inspiration. Il a construit de nombreuses propriétés sur la Méditerranée, monumentales et épurées, toujours en symbiose avec le paysage. Au fil des années, l'emploi de béton brut ou de pierres a accentué la dimension sculpturale de son travail. Par sa forme et ses briques petites et étroites d'origine toulousaine, cette maison élevée en lisière de la forêt de Soignes ressemble également à une grande sculpture constructiviste. Elle est discrètement située à l'arrière d'autres maisons, contre un bois. L'architecte attache une importance particulière au dialogue avec l'environnement. Il veille aussi à ce que la maison offre l'intimité suffisante en dépit de sa structure ouverte. Le choix de la brique et la rocaille créée par Christophe Spehar donnent l'impression d'être dans le midi de la France. À l'intérieur, les reflets des pièces d'eau renforcent l'expérience architecturale. Le plan au sol, irrégulier, a permis à Erpicum de créer de magnifiques perspectives. Pour les occupants, Elisabeth Vanderhasselt et Tangui Vandenput, il s'agit d'un lieu propice à la méditation. Elisabeth ayant entamé sa carrière dans le commerce du design vintage, elle n'a eu aucune difficulté à trouver l'inspiration nécessaire à l'habillage de sa maison. Elle s'est en outre fait assister par son amie Caroline Notté, représentée dans cet ouvrage par un autre projet.

EN
In winter you lie in front of the fireplace and in summer you live outside. Between the eating area and the kitchen lies a small inner pond that reminds you of the connection with the exterior while also creating special water reflections on the ceiling. The kitchen has a Martin Visser bench and a beautiful hand-knotted Moroccan rug on the floor. Most of the vintage furniture was collected throughout the years by Elisabeth Vanderhasselt herself.

NL
Winters lig je voor het haardvuur en in de zomer leef je buiten. Tussen de eethoek en de keuken bevindt zich een kleine binnenvijver die de band met buiten aanhaalt en binnen op het plafond voor bijzondere waterspiegelingen zorgt. In de keuken staat een bank van Martin Visser, met ervoor een mooi handgeknoopt Marokkaans tapijt. Het meeste vintage meubilair werd door de jaren heen door Elisabeth Vanderhasselt zelf verzameld.

FR
L'hiver, on se tient devant le feu ouvert, l'été, on vit dehors. La salle à manger et la cuisine sont séparées par une petite pièce d'eau qui instaure un lien avec l'extérieur et crée des reflets particuliers au plafond. Dans la cuisine, on trouve un banc de Martin Visser et un magnifique tapis marocain noué à la main. La plus grande partie du mobilier vintage a été rassemblée au fil des ans par Elisabeth Vanderhasselt elle-même.

EN
The bricks from outside run through to the interior, even into the sleeping quarters. Architect Bruno Erpicum, a lover of big perspective views, drew a floor plan with clear axes. Here we are looking from the entrance to the eating area. Another axis runs along the bedroom and walk-in closet, which has a long wall cabinet with washbasins.

NL
De bakstenen lopen van buiten door naar binnen, tot zelfs in de slaapvertrekken. Architect Erpicum houdt van grote dieptezichten, waarvoor hij zijn grondplan duidelijke assen geeft. Hier kijk je vanaf de inkom naar de eethoek. Er loopt ook een as langs de slaapkamer en inloopkast, met een lange wandkast met betonnen blad waarin wastafels zitten.

FR
Les briques courent de l'extérieur vers l'intérieur, où on les retrouve jusque dans les chambres. Bruno Erpicum aime les perspectives profondes, qu'il obtient en introduisant dans son plan des axes clairs. Ici, on voit la salle à manger depuis le hall d'entrée. Un autre axe relie la chambre et son couloir, dont le long meuble mural et sa tablette de béton intègrent les lavabos.

Swedish Revival [EARLY VINTAGE]

This is an Australian island in the heart of Western Europe, decorated with a nod to Scandinavia. Kathryn Smith and her husband, Ike Udechuku, come from Australia and studied together in London, where they fell in love with Europe. They also lived in New York but eventually ended up in this Brussels townhouse from around 1875, restoring and decorating it in a contemporary way, maintaining many of the old interior elements. The result looks surprisingly fresh. Originally, they worked primarily with contemporary art, but then they discovered vintage design. They have a weak spot for traditional craftsmanship and the elegant line of Scandinavian design. At first, they only looked for design items from the fifties and sixties; now they have expanded their scope to include the forties, when Swedish Revival was flourishing and designers were rejuvenating classic designs, like the corner cabinet in the living room. Our many discoveries in this interior include magnificent pieces of furniture by Carl Malmsten, Bruno Mathsson, and David Rosen. This delicate furniture sits wonderfully with the marble fireplaces and stucco of this classicist interior. Meanwhile, their home looks increasingly crowded because of the ever growing number of select objects and works of art: this is going to be a design cabinet with a Scandinavian touch.

EN
Many details hark back to the Belle Époque, when this building was constructed, such as the finely sculpted marble fireplace that has above it a picture by Texan artist Cara Barer and to the left a work by Sean Justice. The black walls are the perfect background for the artworks and vintage objects. The hanging cabinet (p. 151) is a design by Ib Kofod Larsen.

NL
Tal van details herinneren aan de belle époque, het tijdperk waarin dit pand werd opgetrokken. De fijn gesculpteerde marmeren schouw, bijvoorbeeld, waarboven een foto hangt van de Texaanse kunstenaar Cara Barer, met links daarvan een werk van Sean Justice. De zwarte wanden zijn een ideale fond voor de kunstwerken en de vintage objecten. De hangkast (p. 151) is een ontwerp van Ib Kofod-Larsen.

FR
Beaucoup de détails rappellent la période où ce bâtiment a été construit, à savoir la Belle Époque. C'est le cas de la cheminée de marbre finement sculptée, au-dessus de laquelle est accrochée une photographie de l'artiste texane Cara Barer et, à sa gauche, une œuvre de Sean Justice. Les murs noirs forment un fond idéal pour les objets vintage et les œuvres d'art. L'armoire suspendue (p. 151) est un projet d'Ib Kofod-Larsen.

NL
Dit is een Australisch eiland in het hart van West-Europa, ingericht met een knipoog naar Scandinavië. Kathryn Smith en haar man, Ike Udechuku, komen uit Australië en studeerden samen in Londen, waar ze verliefd werden op het oude continent. Ze woonden ook in New York, maar belandden uiteindelijk in dit Brusselse herenhuis van rond 1875, dat ze op een hedendaagse manier hebben hersteld en ingericht, met behoud van veel oude interieurelementen. Het resultaat oogt verrassend fris. Aanvankelijk waren ze vooral met hedendaagse kunst bezig, tot ze vintage design ontdekten. Ze hebben een zwak voor het ambachtelijke vakmanschap en de elegante lijn van Scandinavisch design. Aanvankelijk zochten ze enkel design uit de jaren '50 en '60, nu hebben ze hun tijdsgrens wat verlegd naar de jaren '40, toen de 'Swedish revival' opbloeide en designers klassieke ontwerpen verjongden, zoals de hoekkast in de living van dit huis. In dit interieur ontdekken we onder meer schitterende meubels van Carl Malmsten, Bruno Mathsson en David Rosen. Dit delicate meubilair past wonderwel in het classicistische interieur vol stucwerk en marmeren schouwen. Ondertussen oogt hun huis steeds drukker door het toenemende aantal uitgelezen objecten en kunstwerken: dit wordt een designkabinet met een Scandinavische toets.

FR
C'est un îlot australien au cœur de l'Europe, aménagé dans un style d'inspiration scandinave. Kathryn Smith et son mari, Ike Udechuku, sont originaires d'Australie et ont étudié ensemble à Londres, où ils sont tombés amoureux du Vieux Continent. Ils ont habité à New York, puis ont fini par atterrir dans cette maison de maître bruxelloise datant autour de 1875, qu'ils ont rénovée et aménagée de façon contemporaine, mais en conservant de nombreux éléments anciens. Le résultat est original et innovant. Kathryn et Ike s'intéressaient avant tout à l'art contemporain lorsqu'ils ont découvert le design vintage. Ils ont un faible pour le savoir-faire artisanal et la ligne élégante des productions scandinaves. Ils ont d'abord cherché du design des années 1950 et 1960. Ensuite, ils ont élargi leur période de prédilection aux années 1940, ère de floraison du Swedish Revival, durant laquelle les designers rajeunissaient des objets classiques ; par exemple, cette armoire de coin que l'on aperçoit dans le *living room*. Dans cet intérieur, nous découvrons entre autres de magnifiques meubles de Carl Malmsten, Bruno Mathsson et David Rosen. Un mobilier délicat qui s'accorde à merveille avec le cadre classique, rehaussé de stucs et de cheminées de marbre. Peu à peu, la maison se remplit d'objets et d'œuvres d'art : un véritable cabinet de design avec une touche scandinave.

EN
Here we are looking right through the home, from the cosy living room all the way into the garden, with the kitchen behind us. The armchairs in the foreground are by Horst Brüning, the leather ones on the left by Børge Mogensen. The items to the right of the fireplace include a Josef Frank table mirror, Åke Holm wall relief, and copper wall light by Peter Celsing.

NL
Hier kijk je dwars door de woning, van de keuken naar de tuin, met op de voorgrond de intiemste salon. De stoelen op de voorgrond zijn van Horst Brüning, de lederen zetels links van Børge Mogensen. Rechts van de schouw vallen onder meer de tafelspiegel van Josef Frank, het wandreliëf van Åke Holm en de koperen wandlamp van Peter Celsing te bewonderen.

FR
Notre regard traverse l'habitation depuis la cuisine jusqu'au jardin, s'attardant à l'avant sur le salon le plus intime. Les chaises sont de Horst Brüning, tandis que les sièges de cuir sont signés Børge Mogensen. À droite de la cheminée, nous apercevons notamment un miroir de table de Josef Frank, un relief mural d'Åke Holm et une applique lumineuse en cuivre de Peter Celsing.

EN
The David Rosen corner cabinet in the dining room is a nice example of Swedish Revival. The chairs around the table are by Mogensen and the copper wall lights by Danish designer Bjørn Wiinblad. In the sitting area, we see a blue Carl Malmsten chair as well as a leather sofa by Arne Norrell. The wall lamps are by Swedish designer Hans-Agne Jakobsson, while the artwork with the hearts is by Margie Britz. This interior is Scandinavian vintage with a contemporary twist.

NL
In de eetkamer is de hoekkast van David Rosen een mooi voorbeeld van de 'Swedish revival'. De stoelen rond de tafel zijn van Mogensen en de koperen wandlampen van de Deen Bjørn Wiinblad. In de zithoek zie je een blauwe stoel van Carl Malmsten, alsook een lederen sofa van Arne Norell. De wandlampen zijn van de Zweed Hans-Agne Jakobsson. Het kunstwerk met de harten is van Margie Britz. Samengevat: een Scandinavisch vintage interieur met een contemporaine twist.

FR
Dans la salle à manger, l'armoire de coin de David Rosen est un bel exemple du style Swedish Revival. Les chaises entourant la table sont de Mogensen et les lampes murales en cuivre du Danois Bjørn Wiinblad. Dans le salon, un siège bleu de Carl Malmsten voisine avec un canapé d'Arne Norell. Les lampes murales sont du Suédois Hans-Agne Jakobsson. L'œuvre avec les cœurs est de Margie Britz. Le tout compose un intérieur vintage scandinave à touche contemporaine.

EN
This is a surprising building. As a matter of fact, you enter through the kitchen, which is not a typical cooking area, either. Part of the antique panelling was reused. Everywhere you notice exquisite artworks and objects selected by the house's residents on their travels throughout Europe, which they also see as an excellent way of getting new ideas.

NL
In dit verrassende pand kom je binnen via de keuken, die ook weer geen doordeweekse kookruimte is. Een deel van de antieke lambrisering werd hergebruikt. Overal merk je exquise kunstwerken en objecten op die door de bewoners werden uitgezocht. Daarvoor reizen ze heel Europa af. Voor hen is dat de manier bij uitstek om ideeën op te doen.

FR
Voici un bâtiment étonnant. On y entre notamment par la cuisine, qui n'a, il faut dire, rien d'un espace fermé exclusivement voué à la préparation des repas. Une partie des lambris anciens ont été réutilisés. Partout, on remarque de splendides œuvres d'art et objets chinés par les occupants, qui n'ont pas hésité à parcourir l'Europe entière dans ce but. Pour eux, c'est une excellente manière de trouver l'inspiration.

Polder House

PEARL FROM THE FIFTIES

No matter how simple the facade of this house may look, it still has a clear style that refers to Dutch objective or pragmatic architecture. The building was constructed right after the Second World War in a stern style reminiscent of the form language of Gerrit Rietveld, the architect of De Stijl, who was in fact still very active at the time. The house's resident, designer Derek Van Heurck, loves this 'architecture without frills' and especially the sloped roof that sits on top of the house like a little hat. He is one of the creative forces behind the renowned Belgian fashion house Bellerose. He has lived in New York and travels an awful lot, obviously leading a busy life, but likes to unwind here in Zeeland, on this little island in the polder. The house's windows offer him a view of the farmland and reed belts reaching all the way to the sea. Compared with the pristine landscape, the house almost looks like a surreal apparition. Derek loves vintage design, rural surroundings, and the natural peace and quiet that flows over you through the windows. His favourite time to be here is when the winds from the northwest are battering the house, making him feel like he is floating on the sea. Derek hardly tinkered with the inner structure of his little building from the fifties because he appreciates its compactness. He did create an open eating and cooking space in the back that connects seamlessly to the sitting corner in the front. He also applied deep, dark patina paint to the walls and chose warm vintage furniture, objects, and lamps. It's a style that goes well with the collection he is creating, which is nonchalant with an artistic touch.

EN
The contrast between exterior and interior has a salubrious effect. This Dutch house lies in the middle of Zeeland's vast polders, braving all the storms. The interior was changed very little, but everything was darkened, providing more intimacy and security, as well as that 'interior feeling'. Here, you find yourself inside a modernist shell. The architecture from the fifties still bears the mark of De Stijl, which is complemented well by the Hans Wegner table and chairs, above which hangs a special lamp by Swedish inventor Johan Petter Johansson.

NL
Het contrast tussen exterieur en interieur werkt heilzaam. Dit huis ligt midden in de weidse polders van Zeeland in Nederland en trotseert alle stormen. Aan het interieur werd weinig veranderd, maar de muren kregen een donkere laag, wat de intimiteit en de geborgenheid versterkt, ook het interieurgevoel. Je zit hier in een modernistische schelp. De jaren 50-architectuur draagt nog het stempel van De Stijl. Daar passen de tafel en de stoelen van Hans Wegner bij, met erboven een bijzondere lamp van de Zweedse uitvinder Johan Petter Johansson.

FR
Le contraste entre extérieur et intérieur est salutaire. Cette maison située dans les vastes polders de Zélande, aux Pays-Bas, défie toutes les tempêtes. L'intérieur n'a guère été modifié, mais les murs ont reçu une couche foncée qui renforce l'intimité et l'impression de cocon. On se trouve ici dans une coquille moderniste, où l'architecture des années 1950 porte encore le cachet de De Stijl. Un cadre dans lequel s'intègrent bien la table et les chaises d'Hans Wegner, au-dessus desquelles pend une lampe originale de l'inventeur et industriel suédois Johan Petter Johansson.

NL Hoe eenvoudig de gevel van dit huis ook mag zijn, toch zit er een duidelijke stijl in die verwijst naar de zakelijke architectuur uit Nederland. Het pandje werd net na de Tweede Wereldoorlog opgetrokken in een strenge stijl die herinnert aan de vormentaal van Gerrit Rietveld, de architect van De Stijl, die toen trouwens nog volop actief was. Bewoner Derek Van Heurck houdt van deze 'architectuur zonder franjes' en vooral van het schuine dak, dat er als een hoedje op staat. Derek is als ontwerper een van de creatieve krachten achter het befaamde Belgische modehuis Bellerose. Hij woonde in New York, reist ontzettend veel, leidt uiteraard een druk bestaan, maar houdt ervan om hier in Zeeland tot rust te komen, op dit eilandje in de polder. Vanuit de ramen kijkt hij over de akkers en rietkragen tot aan de zee. Doordat het landschap zo gaaf is, lijkt het huis wel een surreële verschijning. Derek houdt van vintage design, landelijkheid en de rust van de natuur die je hier via de ramen overweldigt. Het liefst vertoeft hij hier als de noordwester inbeukt op het huisje. Dan is het alsof hij op zee dobbert. Aan de inwendige structuur van dit fiftiespandje heeft hij amper gesleuteld, omdat hij de compactheid ervan op prijs stelt. Alleen aan de achterzijde kwam er een open eet- en kookruimte, die naadloos aansluit bij de zithoek vooraan. Hij gaf de muren wel een diep en donker patina en koos voor warme vintage meubels, objecten en lampen. Deze stijl past bij de collectie die hij creëert: nonchalant met een artistieke toets.

FR Cette façade a beau paraître toute simple, elle s'inscrit dans la tendance de l'architecture fonctionnaliste néerlandaise. La maison a été élevée après la Seconde Guerre mondiale dans un style strict rappelant le langage formel de Gerrit Rietveld, membre du De Stijl, qui était alors encore en pleine activité. L'occupant des lieux, Derek Van Heurck aime cette architecture sans tralala, et en particulier le toit incliné qui ressemble à un chapeau. Derek est l'un des créateurs de la célèbre marque de mode belge Bellerose. Il a vécu à New York, voyage énormément, a évidemment un emploi du temps chargé, mais il aime venir se ressourcer sur cette petite « île » au cœur des polders et contempler les champs et les roselières qui guident le regard jusqu'à la mer. Au milieu de ce paysage préservé, la maison a presque des allures surréalistes. Derek aime le design vintage, l'ambiance campagnarde et le calme de la nature qui vous envahit par les fenêtres. Il adore y séjourner quand le vent du nord-ouest souffle et lui donne l'impression d'être en pleine mer. Il n'a pratiquement pas touché à la structure intérieure, dont il apprécie la compacité. Seul un espace cuisine et salle à manger a été ajouté à l'arrière dans le prolongement direct du salon. Derek a en revanche revêtu les murs d'une épaisse patine sombre et opté pour du mobilier, des objets et des lampes vintage chaleureux. Ce style s'accorde avec la collection qu'il crée, qui se veut nonchalante avec une touche artistique.

EN
The house unfolds on the garden side, towards the greenery. The big window, which is always open when the weather is good, blurs the boundary between interior and exterior, turning this into a fully fledged holiday home. The contrast between the flawlessly shaped architecture and the rough slate terrace is also fascinating to behold. Make sure to note the minimal, almost industrial kitchen island that looks as if it was lifted from a laboratory.

NL
De woning ontrolt zich aan de tuinzijde, in de richting van het groen. Door het grote raam, dat bij mooi weer altijd openstaat, vervaagt de grens tussen interieur en exterieur en wordt dit een volwaardig vakantiehuis. Ook het contrast tussen de gaaf gevormde architectuur en de ruwe leisteen van het terras is boeiend om te zien. Let bovendien op het minimale, bijna industriële kookeiland dat wel uit een laboratorium geplukt lijkt.

FR
L'habitation se déploie côté jardin, en direction de la végétation. Grâce à la grande baie, qui est toujours ouverte par beau temps, la frontière entre intérieur et extérieur s'estompe et le lieu devient une maison de vacances à part entière. Le contraste entre l'architecture aux formes brillantes et l'ardoise brute de la terrasse est également passionnant à voir. Remarquez aussi l'îlot de cuisine minimaliste, presque industriel, qui semble tout droit sorti d'un laboratoire.

Polder House

Penthouse

WARM MINIMALISM

Many people believe that contemporary architecture has to be expressive. This may be true for Jean Nouvel's creations and even more so for the gifts that Zaha Hadid left us, but quite a few designers choose to make meditative creations that are very 'new modern'. This contrast is not a new phenomenon. There have been times in the past, both in architecture and the visual arts, when opposing currents were immensely popular at the same time. The architect who designed this penthouse feels most at ease with the refined-form language of architects such as Peter Zumthor. Architect Hans Verstuyft also has a thing for mediaeval convents and abbeys, where austerity, interior views, and light effects set the tone. He has designed many penthouses. He is also very fond of city views, preferably from up high.

Here, for example, you get a view of all the towers in Antwerp, even catch a glimpse of the bend in the river Scheldt, and see the port looming in the background. This is exactly why Verstuyft went for high ceilings—and this penthouse looks like a townhouse perched on top of an apartment building. It is surrounded by a terrace on all sides, and almost all the windows can be opened, allowing the skyline to enter. Hans Verstuyft is a master at proportioning spaces. He had the walls covered with panels that come together with the high doors and beautiful floor tiles to create a visual rhythm. In his opinion, architecture should primarily radiate peace, and especially so here, because of the amount of energy created by the landscape. This applies also at night, when the port is illuminated.

EN
Architect Hans Verstuyft transcends the limits of architecture by coming up with very specific and refined solutions for the interior. He even designs the—copper—lamps and the taps for his interiors. He works out unusual solutions, like that for the fireside, which takes up a central space in the living area. He prefers natural materials and good craftsmanship. Not only that, but he designs furniture, such as this dining table; the chairs are from the Miyazaki collection.

NL
Architect Hans Verstuyft overstijgt de grenzen van de architectuur door ook voor het interieur heel specifieke en verfijnde oplossingen te bedenken. Zo ontwerpt hij zelfs de koperen lampen en de kranen voor zijn interieurs. Hij doktert ongewone oplossingen uit, zoals voor het haardvuur, dat een centrale plaats in de leefruimte inneemt. En hij verkiest natuurlijke materialen en een ambachtelijke afwerking. Hij ontwerpt ook meubels, zoals de eettafel. De stoelen komen uit de Miyazaki-collectie.

FR
Hans Verstuyft, architecte, dépasse les frontières de sa profession en concevant des solutions personnalisées et raffinées pour les intérieurs, allant jusqu'à dessiner lui-même les lampes (en cuivre) et les robinets de ses projets. Il applique des formules originales, par exemple pour l'âtre, qui occupe une place centrale dans le séjour. Et il privilégie les matériaux naturels et une finition artisanale. Hans dessine aussi des meubles, comme la table de la salle à manger. Les chaises viennent de la collection Miyazaki.

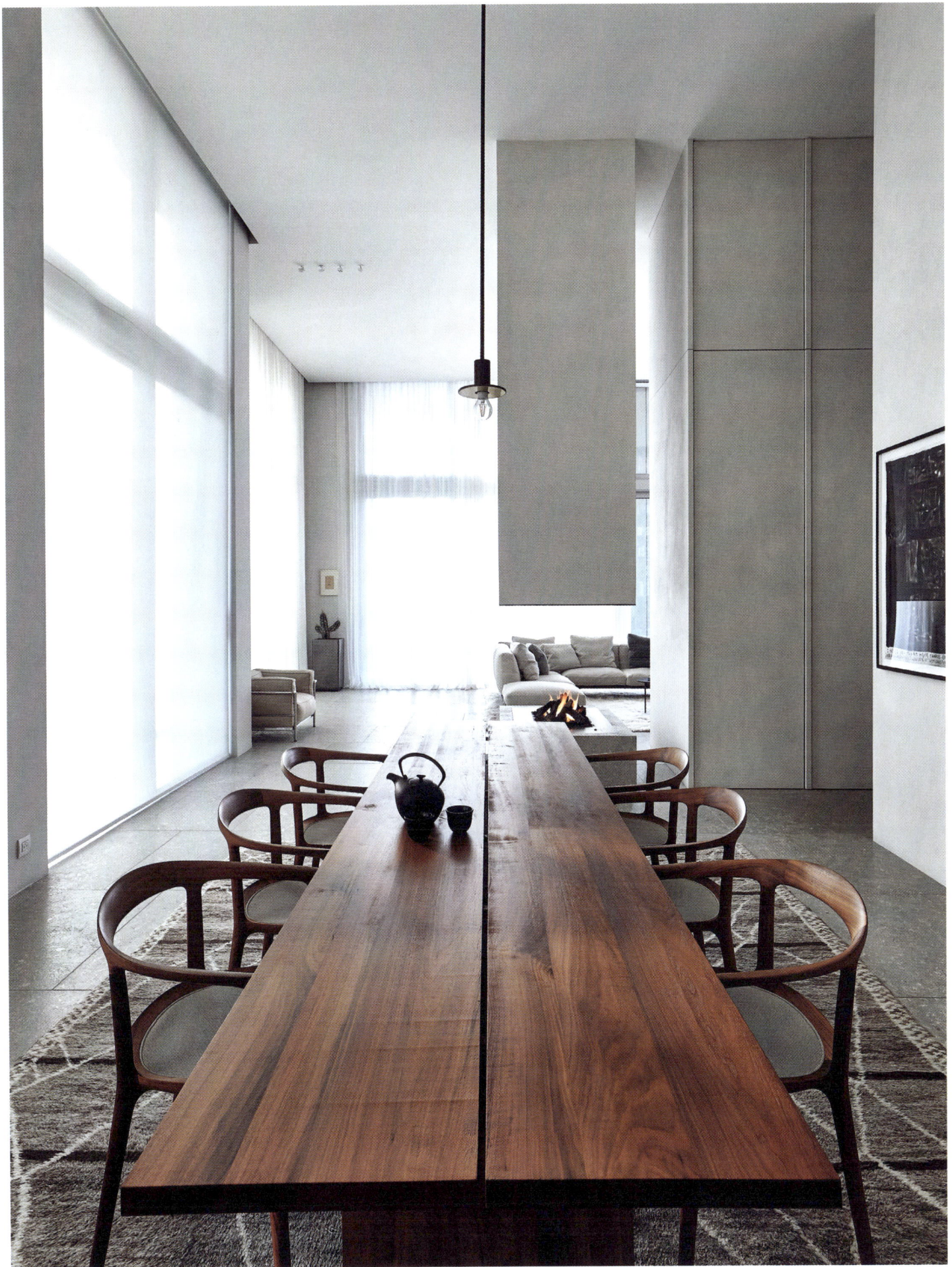

EN
Everything about this penthouse and its high ceilings says 'monumental', including the tall—custom-made—bookcase and the rhythmically divided walls with their concealed doors. These walls are reminiscent of traditional Japanese interiors.

NL
Dit penthouse met hoge plafonds straalt heel wat monumentaliteit uit, die wordt versterkt door de hoge, op maat ontworpen boekenkast en de ritmische opdeling van de wanden, waarin ook deuren verstopt zitten. Deze wanden doen denken aan traditionele Japanse interieurs.

FR
Ce penthouse haut de plafond dégage une grande monumentalité, encore renforcée par la bibliothèque, fabriquée sur mesure, et la division rythmée des murs, dans lesquels des portes sont dissimulées. Ces murs rappellent les intérieurs japonais traditionnels.

NL Velen denken dat hedendaagse architectuur expressief moet zijn. Dat klopt voor de creaties van Jean Nouvel of meer nog voor wat Zaha Hadid ons schonk, maar daarnaast kiezen heel wat ontwerpers voor meditatieve creaties die heel *new modern* zijn. Die tegenstelling is niet nieuw, want ook vroeger had je zowel in de architectuur als in de beeldende kunst tegengestelde stromingen die tegelijkertijd furore maakten. De architect die dit penthouse vormgaf, voelt zich eerder thuis in de uitgepuurde vormentaal van bouwmeesters als Peter Zumthor. Ook architect Hans Verstuyft heeft wat met middeleeuwse kloosters en abdijen, waarin soberheid, doorzichten en lichtinvallen primeren. Hij heeft heel wat penthouses vormgegeven. Hij is ook tuk op stadsgezichten, liefst van bovenaf. Hier krijg je bijvoorbeeld alle torens van Antwerpen te zien, vang je zelfs de bocht op van de Schelde en zie je ook de haven opdoemen. Net daarom koos Verstuyft voor hoge plafonds en lijkt dit penthouse op een herenhuis boven op een flatgebouw. Er is rondom een terras en bijna overal kunnen de vensters open, zodat de skyline in huis gehaald kan worden. Hans Verstuyft is een meester in het proportioneren van de ruimte. Hij liet de wanden bekleden met panelen die samen met de hoge deuren en de prachtige vloertegels voor een visueel ritme zorgen. Volgens hem dient architectuur vooral rust uit te stralen, zeker hier, omdat het landschap al voor zoveel vibratie zorgt. Ook 's nachts als de haven wordt verlicht.

FR Beaucoup pensent que l'architecture contemporaine doit être expressive. Cela se vérifie dans les réalisations de Jean Nouvel ou, plus encore, de Zaha Hadid ; mais de nombreux architectes optent par ailleurs pour des créations plus méditatives, appartenant à la mouvance *new modern*. Cette contradiction n'est pas neuve. Il fut un temps où on avait à la fois en architecture et dans les arts figuratifs des courants opposés qui se partageaient la faveur du public. L'architecte qui a conçu ce penthouse se sent plus proche du langage épuré de maîtres, tel que Peter Zumthor. Hans Verstuyft est également attiré par les monastères et les abbayes médiévales, dans lesquelles la sobriété, les perspectives et la luminosité sont essentielles. Il a créé de nombreux penthouses. Hans adore les panoramas urbains, surtout vus d'en haut. Ici, on embrasse à la fois toutes les tours d'Anvers, le méandre de l'Escaut et le port. C'est bien pour cela que l'architecte a opté pour de hauts plafonds qui donnent à ce penthouse l'allure d'une maison particulière perchée au sommet d'un immeuble. Elle est entourée d'une terrasse et des fenêtres peuvent s'ouvrir presque partout, si bien que le vaste horizon s'invite à l'intérieur. Hans Verstuyft excelle dans la distribution de l'espace. Il a fait revêtir les murs de panneaux qui créent un rythme visuel avec les hautes portes et les magnifiques dalles du sol. Selon lui, l'architecture doit surtout respirer le calme, en particulier à cet endroit où le paysage crée à lui seul tant de vibrations. Y compris la nuit, quand le port s'illumine.

EN
This penthouse is completely surrounded by a terrace offering a magnificent view of the city, river, and port. The port is also quite a sight at night. Because all superfluous details have been erased, the architecture is very pure. The windows and doors draw the landscape inside almost as if it were a photo.

NL
Dit penthouse heeft een terras dat helemaal rondom loopt en een schitterend uitzicht biedt over de stad, de rivier en de haven, die ook 's nachts prachtig is om te bewonderen. Door alle overbodige details weg te gommen, is de architectuur heel zuiver en halen de vensters en de deuren het landschap bijna als een foto naar binnen.

FR
Ce penthouse est entièrement entouré d'une terrasse et offre une vue splendide sur la ville, le fleuve et le port, qui est également fascinant à observer la nuit. En gommant tous les détails superflus, on y a créé une architecture épurée dans laquelle les fenêtres et les portes encadrent le paysage presque comme s'il s'agissait de tableaux.

THiNK

Chez Haussmann

VINTAGE DESIGN

'Never thought that one day I'd be living in a Haussmann flat', says Bea Mombaers, who is known in the Low Countries for her marvellous vintage interiors. She was one of the first to put furniture by Jean Prouvé and Poul Kjærholm on display in her homes. Her mix of select vintage and abstract art remains trendsetting. She's constantly moving from one place to another, from an attached home to a villa or a loft, but she's never lived in a classic Parisian flat like this one before. Until now, that is. She's currently occupying an old apartment building in Ixelles (Brussels) that was completely constructed in the style of famed Parisian urbanist Georges-Eugène Haussmann, who modelled the French capital in the second half of the nineteenth century. This flat is Haussmann through and through, with elegant neoclassical salons featuring lots of stucco. 'Normally this is not my world', asserts Bea Mombaers with a wink, but she has turned it into a spacious haven. It's precisely her personal refreshing way of combining design with the old frame that creates a special, artistic atmosphere. Bea's interiors grace the pages of beautiful magazines the world over. She has a collection of handbags and furniture with Serax. She's also travelling around the world again, so if you call her, chances are she'll answer you from Lisbon, Rome, or Rio. You can feel Bea's international vibe even in her flat.

NL 'Nooit gedacht dat ik ooit een Haussmann-appartement zou bewonen', vertelt Bea Mombaers, die in de Lage Landen beroemd is voor haar schitterende vintage interieurs. Ze was een van de eersten om in haar woningen meubels van Jean Prouvé en Poul Kjærholm te laten zien. Haar mix van uitgelezen vintage met abstracte kunst blijft toonaangevend. Ze verhuist ook om de haverklap van een rijhuis naar een villa of een loft, maar zo'n klassieke Parijse flat heeft ze niet eerder bewoond. Nu dus wel, in een oud appartementsgebouw in Elsene, helemaal opgetrokken in de stijl van de beroemde Parijse urbanist Georges-Eugène Haussmann, die de Franse hoofdstad in de tweede helft van de negentiende eeuw vormgaf. Deze flat is op-en-top Haussmann, met elegante neoclassicistische salons vol stucwerk. 'Normaal is dit mijn wereld niet', herhaalt Bea Mombaers met een knipoog, maar ze heeft hier wel een riante ankerplek van gemaakt. Net door die persoonlijke en verfrissende mix van design mét het oude kader, ontstaat een aparte, artistieke sfeer. De interieurs van Bea verschijnen wereldwijd in mooie magazines. Intussen ontwerpt ze ook draagtassen en meubilair voor Serax. Voorts reist ze nog eens de wereld rond. Als je haar opbelt, is de kans groot dat ze je vanuit Lissabon, Rome of Rio antwoordt. Je voelt haar internationale vibe tot in deze flat.

EN
This neoclassical Haussmannian flat was given a refreshing interior with contemporary art and a fascinating collection of design items gathered by interior designer Bea Mombaers, who is now increasingly active as a designer herself. The elegant sofas (Serax) are her own design. The round table, a Poul Kjærholm creation, is surrounded by the Katavolos, Littell, and Kelley T-chair as well as an original Eames and a Gerrit Rietveld ZigZag. Vintage editions, of course, as Bea makes sure.

NL
Dit neoklassieke haussmanniaanse appartement kreeg een verfrissend interieur met contemporaine kunst en een fascinerende designcollectie samengebracht door interieurontwerpster Bea Mombaers, die zelf meer en meer als designer actief is. Zo ontwierp ze de elegante zitbanken (Serax). De ronde tafel is een creatie van Poul Kjærholm, met daarrond onder meer de T-chair van Katavolos, Littell en Kelley, alsook een originele Eames en een Zigzag van Gerrit Rietveld. Bea zoekt uiteraard naar originele vintage edities.

FR
L'intérieur de cet appartement néoclassique haussmannien a pris un coup de jeune grâce à l'association d'art contemporain et une fascinante collection de design réunie par l'architecte d'intérieur Bea Mombaers, qui est elle-même de plus en plus souvent active en tant que designer. Elle a notamment créé les élégants bancs (Serax). La table ronde est une création de Poul Kjærholm, entourée notamment de la T-Chair de Katavolos, Littell et Kelley, ainsi que d'originaux d'Eames et d'une Zig Zag de Gerrit Rietveld. Bea Mombaers cherche évidemment des éditions vintage.

FR
« Jamais je n'aurais imaginé habiter un jour un appartement haussmannien », raconte Bea Mombaers, célèbre en Belgique et aux Pays-Bas pour ses magnifiques intérieurs vintage. Elle a été l'une des premières à intégrer dans ses projets des meubles de Jean Prouvé et de Poul Kjærholm. Son mélange de vintage choisi et d'art abstrait reste incontournable. Bea déménage à tout bout de champ, quittant une maison de rangée pour une villa ou un loft, mais elle n'avait encore jamais vécu dans un appartement « parisien ». C'est le cas aujourd'hui, dans ce vieil immeuble ixellois, entièrement conçu dans le style lancé par le préfet Georges Eugène Haussmann, qui a donné forme à la capitale française durant la seconde moitié du XIXe siècle. Avec ses élégants salons classiques généreusement rehaussés de stucs, cet appartement est 100 % haussmannien. « En principe, ce n'est pas mon monde », répète avec un clin d'œil Bea Mombaers, qui a transformé le lieu en une agréable oasis. C'est justement ce mélange personnel et rafraîchissant de design avec un décor ancien qui fait naître une atmosphère particulière, artistique. Les intérieurs de Bea paraissent dans le monde entier dans de luxueux magazines. Bea crée aussi des sacs et du mobilier pour Serax. Entre-temps, elle parcourt le monde. Si vous l'appelez, il y a de bonnes chances pour qu'elle vous réponde de Lisbonne, de Rome ou de Rio. Cet esprit international transparaît jusque dans son appartement.

EN
On the floor of one of the flat's little corners stands an original Atollo lamp by Vico Magistretti, flanked by Ross Hansen paintings and a genuine Utrecht armchair by Gerrit Rietveld. The kidney-shaped side table next to the Bea Mombaers couch is by Angelo Mangiarotti. A separate room contains an antique Chinese massage table as well as having a Ross Hansen artwork on one of its walls.

NL
In een van de hoekjes in de flat staat op de grond een originele Atollo-lamp van Vico Magistretti met daarnaast schilderijen van Ross Hansen en een authentieke Utrecht Fauteuil van Gerrit Rietveld. Het niervormige bijzettafeltje naast de bank van Bea Mombaers is van Angelo Mangiarotti. In een aparte ruimte staat een antieke Chinese massagetafel met aan de wand een werk van Ross Hansen.

FR
Dans l'un des angles, on trouve, posée à terre, une lampe originale Atollo de Vico Magistretti associée à des peintures de Ross Hansen et un authentique fauteuil Utrecht de Gerrit Rietveld. La petite table « rognon » visible à côté du banc de Bea Mombaers est d'Angelo Mangiarotti. Dans un espace séparé, une table de massage chinoise ancienne voisine avec une œuvre de Ross Hansen accrochée au mur.

Rural & Modern

CONTEMPORARY RUIN

To find this house, you have to go off-road, taking a dirt track between grain fields, far away from the other houses in the village. From afar, you'd swear it's an old farm building, but that's not the case: it's a completely new building, albeit partly made with old construction materials. Architect duo Renaud De Poorter and Femke Holdrinet designed the mansion that fashion designer Patricia Vandemoortele had been dreaming of for years: a refurbished ruin that looks 'unfinished'. The north side resembles the remains of a hundred-year-old farm. Patricia wanted to live in a kind of informal workshop with a rural brutalist air. Just look at the concrete shower. She doesn't like classic luxury and straight lines, so she asked the architects to create a dent in the house, which resulted in some exciting interior views. Because of the many windows, a Mediterranean atmosphere reigns in and around the house. And then there's the view of a wild meadow garden, full of blossoms reminiscent of the impressionist tableaux that were painted in this area, around Sint-Martens-Latem. In short, this house is a place of meditation, a place to relax, a break from the occupants' hectic business life.

NL Om deze woning te ontdekken moet je over een zandweg tussen de graanvelden rijden, ver weg van de straat en de andere huizen van het dorp. Van ver zou je zweren dat er een oude boerderij staat, maar dat blijkt niet te kloppen, het is een volledig nieuwe woning, weliswaar deels opgetrokken met oude bouwmaterialen. Het architectenduo Renaud De Poorter en Femke Holdrinet ontwierpen het landhuis waarvan fashiondesigner Patricia Vandemoortele al jaren droomde: een opgefriste ruïne die er 'onaf' uitziet. De noordzijde lijkt op het restant van een honderdjarige boerderij. Patricia wil een soort ongedwongen atelier bewonen met een landelijke, brutalistische uitstraling. Kijk maar naar de betonnen douchecel. Ze houdt immers niet van klassieke luxe en rechte lijnen en vroeg daarom aan de architecten om de woning ook een knik te geven, wat meteen voor spannende doorzichten zorgt. Door de vele ramen hangt er in en rond de woning een mediterrane sfeer. Bovendien kijk je uit op een wilde weidetuin vol bloesems, die ons herinneren aan de impressionistische tableaus die in deze streek, rond Sint-Martens-Latem, werden geschilderd. Deze woning is een meditatieve plek om tot rust te komen, even weg van het drukke zakenleven van de bewoners.

EN
This is not a villa at all, but a purely rural house that blends into the landscape, creating the impression that it is at least a century old. Yet, it is a new creation, albeit one partially constructed with old stones, antique boards, and an archaic silhouette. The interior, too, has a delightfully nonchalant and artistic aura with quite a few unusual finds and some vintage design items.

NL
Dit is helemaal geen villa, maar een zuiver landelijke woning die opgaat in het landschap en de indruk wekt minstens een eeuw oud te zijn. Toch is het een nieuwe creatie, weliswaar deels opgetrokken met oude stenen, antieke planken en een archaïsch silhouet. Ook het interieur heeft een heerlijk nonchalante en artistieke uitstraling met heel wat ongewone trouvailles en vintage design.

FR
Ceci n'est pas une villa, mais une habitation purement rurale qui se fond dans le paysage et donne l'impression d'avoir au moins un siècle. Il s'agit pourtant d'une création neuve, en partie réalisée, il est vrai, avec des pierres anciennes. À l'intérieur, une agréable atmosphère nonchalante et artistique règne en raison d'une abondance d'objets insolites et de design vintage.

FR Pour trouver cette habitation, il faut emprunter un chemin sablonneux entre les champs de céréales, à l'écart de la route et des autres maisons du village. De loin, on jurerait voir une vieille ferme. Il s'agit en fait d'une habitation entièrement nouvelle, en partie construite avec d'anciens matériaux. Le duo d'architectes Renaud De Poorter et Femke Holdrinet a dessiné la maison de campagne dont Patricia Vandemoortele, styliste, rêvait depuis des années : une « ruine » rénovée, gardant une apparence inachevée. Le mur nord ressemble à un vestige de ferme centenaire. Patricia veut vivre dans une sorte d'atelier informel, au rayonnement rustique et brutal. Regardez par exemple la douche en béton. N'aimant ni le luxe classique ni les lignes droites, elle a demandé à l'architecte d'introduire un coude dans le plan, ce qui crée toujours d'intéressantes perspectives. L'atmosphère de la maison et des alentours est méditerranéenne. Les fenêtres donnent en outre sur un jardin de prairie rempli de fleurs, rappelant les tableaux impressionnistes peints dans cette région, près de Laethem-Saint-Martin. Cette maison est un lieu de sérénité, où l'on peut retrouver le calme. Une pause bienvenue dans la vie professionnelle assez fébrile de ses occupants.

EN
Some elements were left half-finished on purpose, such as the fireside and the concrete staircase that enhance the interior's brutalist expressivity. It gives the interior the look of an artist's workshop, which fits in perfectly with the spirit of the occupants. The numerous windows of the two façades blur the line between inside and outside, especially in summer, when the occupants live in the picturesque orchard.

NL
Sommige elementen werden bewust half afgewerkt, zoals de haard of de betonnen trap, die net de brutalistische expressiviteit van het interieur versterken. Daardoor gaat het interieur op het atelier van een kunstenaar lijken, wat perfect past bij de ziel van de bewoners. Door de talrijke ramen aan beide gevels vervaagt de grens tussen binnen en buiten, zeker in de zomer, als de bewoners in de schilderachtige boomgaard leven.

FR
Certains éléments ont à dessein été laissés à moitié inachevés, comme l'âtre et l'escalier de béton qui renforcent le côté expressif et brutaliste de l'intérieur. Celui-ci ressemble à un atelier d'artiste, ce qui est tout à fait dans l'esprit de ses occupants. Grâce aux nombreuses fenêtres ouvertes dans les deux façades, la distinction entre extérieur et intérieur s'estompe, en particulier l'été quand les habitants passent leur temps dans le pittoresque verger.

EN
To create extra living space upstairs, the building was given a traditional mansard roof with windows that draw the picturesque landscape inside. The mansion, by the way, is located in an area that attracted many impressionist painters in the past. As a matter of fact, the 'School of Latem' is known internationally.

NL
Om boven extra leefruimte te creëren, kreeg het pand een traditioneel mansardedak met dakvensters die het pittoreske landschap binnenhalen. Het landhuis ligt overigens in een streek waar destijds heel wat impressionistische schilders neerstreken. De Latemse school is trouwens een internationaal begrip.

FR
Pour agrandir l'espace de vie à l'étage, le bâtiment a été pourvu d'un toit mansardé avec des fenêtres de toiture qui invitent à l'intérieur le paysage bucolique. La maison se trouve dans une région qui a autrefois accueilli de nombreux peintres impressionnistes. L'école de Laethem est d'ailleurs connue internationalement.

Silo Brutalism

THE SILO BUILDING

People don't usually decide to go and live in a grain silo out of the blue. And yet, it's perfectly doable. Interior architect Arjaan De Feyter furnished this loft for friends. The result is spectacular because the dwelling is housed in three enormous concrete silos connected by means of corridors. This allows you to see the building's exterior from anywhere inside. From up here you also have a splendid view of the industrial canal landscape near the Dutch border. The space was sold as an empty structure and De Feyter decided to preserve most of the concrete architecture's rough, brutalist aspect. The curved walls add to the architecture's sculptural feel: it's as if you're walking through an enormous sculpture. A passage connects the almost empty silo through which you enter to the more closed sitting area, which features a tadelakt Moroccan bench, also designed by Arjaan. Everything here is, of course, made to measure. Sumptuous materials were used, like the big pieces of travertine for the kitchen, whose furniture was designed by Arjaan together with Tim Vranken. Keep walking and you will enter the sleeping silo, whose space is occupied by the bed, which stands there like a piece of sculpture. Here, too, custom work and craftsmanship enhance the neo-minimalistic style Arjaan likes to use in his projects.

NL Niemand haalt het zomaar in het hoofd om in een graansilo te gaan wonen. En toch is dat perfect mogelijk. Interieurarchitect Arjaan De Feyter richtte deze loft in voor vrienden. Het resultaat is spectaculair, omdat de woning in drie enorme betonnen silo's huist, die via een soort hangbruggetje met elkaar zijn verbonden. Hierdoor zie je ook van binnenuit overal het exterieur van het gebouw. Bovendien geniet je op deze hoogte van het industriële kanaallandschap nabij de Nederlandse grens. De ruimte werd casco verkocht en De Feyter besloot om het ruwe, brutalistische aspect van de betonarchitectuur grotendeels te bewaren. Ook de ronde wanden versterken het 'sculpturale' gevoel van de architectuur: het is alsof je door een enorm beeldhouwwerk wandelt. De inkomsilo is bijna leeg en via een passerelle kom je in de meer gesloten zitruimte met een Marokkaanse bank van tadelakt, die eveneens door Arjaan werd ontworpen. Hier is alles uiteraard maatwerk. Er werden prachtige materialen aangewend, zoals de grote stukken travertijn voor de keuken, waarvan Arjaan de meubels samen met Tim Vranken heeft getekend. Wie verder loopt, komt in de slaapsilo, waar het bed als een sculptuur in de ruimte staat. Ook hier versterken maatwerk en vakmanschap de neominimalistische lijn die Arjaan graag hanteert voor zijn projecten.

EN
Turning grain silos into homes is not exactly the most obvious thing. Yet, interior architect Arjaan De Feyter chose not only to retain the architecture's industrial look, but also to keep the curved spaces almost intact, refraining from using much filling. This desire to preserve circulation led him to adopt a clever solution for the sitting area: he hid the passageway behind a curtain. This solution goes perfectly with the tadelakt bench that evokes a Moroccan atmosphere in a contemporary way.

NL
Het is niet evident om van graansilo's woningen te maken. Toch opteerde interieurarchitect Arjaan De Feyter ervoor om niet alleen de industriële uitstraling van de architectuur te bewaren, maar ook om de ronde ruimtes zo goed als gaaf te houden zonder veel invullingen. Net omwille van de circulatie bedacht hij voor de zithoek een vernuftige oplossing door de passage achter een gordijn te verstoppen. Deze oplossing past ook helemaal bij de bank van tadelakt die in deze ruimte op een hedendaagse wijze een Marokkaanse sfeer oproept.

FR
Transformer un ensemble de silos à grain en habitation ne va pas de soi. L'architecte d'intérieur Arjaan De Feyter a non seulement choisi de conserver l'allure industrielle du lieu, mais aussi de garder presque tels quels les espaces circulaires, sans trop les habiller. En termes de circulation, il a imaginé une solution intelligente en dissimulant le « couloir » derrière une tenture au salon. Une solution convenant aussi très bien au banc de tadelakt qui donne à cette pièce des airs du Maroc, mais dans une version contemporaine.

FR
Spontanément, on ne pense pas à habiter un silo. Et pourtant, c'est parfaitement possible. L'architecte d'intérieur Arjaan De Feyter a aménagé ce loft pour des amis. Le résultat est spectaculaire, car le projet occupe trois énormes silos en béton reliés entre eux par une sorte de plateau suspendu. De ce fait, on perçoit toujours l'extérieur du bâtiment depuis l'intérieur. On jouit en plus d'une vue sur le paysage industriel et le canal, tout près de la frontière néerlandaise. L'espace a été acheté « casco » et Arjaan De Feyter a décidé de conserver en grande partie la brutalité de la structure en béton. La courbure accentue également la dimension « plastique » de l'architecture : on a l'impression de se promener dans une immense sculpture. Le volume tenant lieu d'entrée est pratiquement vide et donne par une passerelle sur un salon plus intime, pourvu d'un long divan de style marocain en tadelakt, également conçu par Arjaan. Ici, tout est bien entendu fait sur mesure. On a utilisé de magnifiques matériaux, comme les grands blocs de travertin de la cuisine, dont Arjaan a réalisé le mobilier avec Tim Vranken. Plus loin, on arrive dans le silo « chambre », où le lit occupe l'espace à la façon d'une œuvre d'art. Ici aussi, le travail sur mesure et le savoir-faire renforcent la ligne néo-minimaliste qu'Arjaan aime suivre dans ses projets.

EN
Arjaan De Feyter opted for rough plastered walls that combine well with the general concrete structure. You even get to see the exterior architecture from inside. The cooking/dining space is located in the centre of the silo flat. Here, too, everything was made to order. Arjaan designed the furniture together with Tim Vranken. The Lasvit lamp over their table comes from the Bolshoi Theatre. The boomerang desk in the entrance is an internet trouvaille.

NL
Arjaan De Feyter koos overal voor ruw bepleisterde wanden die passen bij de algemene betonstructuur. Van binnenuit krijg je zelfs de buitenarchitectuur te zien. De kook- en eetruimte bevinden zich in het midden van de siloflat. Ook daarvoor werd alles op maat ontworpen. Voor het meubilair werkte Arjaan samen met Tim Vranken. Boven de tafel hangt een lamp uit het Bolsjoj-theater uit de collectie van Lasvit. Het boemerangbureau in de hal is een internettrouvaille.

FR
Arjaan De Feyter a choisi pour toute l'habitation des murs grossièrement enduits qui s'accordent avec la structure de béton générale. On peut même voir l'architecture extérieure depuis l'intérieur. La cuisine et la salle à manger se trouvent au centre de l'espace. Ici aussi, tout a été conçu sur mesure. Pour le mobilier, Arjaan De Feyter a travaillé avec Tim Vranken. Une lampe originaire du théâtre Bolchoï, venant de la collection Lasvit, pend au-dessus de la table. Le bureau boomerang placé dans le hall d'entrée a été déniché sur Internet.

EN
The dining area is relatively transparent, while the sitting area and bedroom, located inside the silos, have a more closed character. Here we are in the kitchen looking out at the bedroom silo, which is accessed through a glass passageway. Notice the special use of materials. In the kitchen, for instance, Arjaan chose to use travertine marble.

NL
De eethoek is vrij transparant, terwijl de zithoek en slaapkamer in de silo's een meer gesloten karakter hebben. Hier kijken we vanuit de keuken naar de slaapkamersilo, die via een glazen passerelle toegankelijk is. Let ook op het bijzondere materiaalgebruik. Voor de keuken koos Arjaan bijvoorbeeld voor travertijn.

FR
La salle à manger est assez éclairée, tandis que le salon et la chambre, aménagés dans les silos, ont un caractère plus intime. Ici, nous apercevons depuis la cuisine le silo « chambre », accessible par une passerelle vitrée. Observez aussi l'emploi particulier des matériaux. Pour la cuisine, Arjaan De Feyter a par exemple opté pour du travertin.

THiNK

Tiny House

BOXES ON THE WALL

This is not a tiny house on wheels, but a kind of compact, very cleverly furnished tower house. The plot of land it stands on hardly measures 30 square metres and the building has three levels. Upon entering, you almost stumble into the kitchen and its dining table. On the first floor you have the sitting area, on the second floor the bedroom, and on the next level the roof terrace. Although it's cramped inside, you can still see a lot of architecture. This small building from the twenties is a weekend house. Its owner, architect Ronny Herremans, did most of the renovation himself. He stripped away the building's insides but retained the wooden staircase that winds its way through. Most interior walls were replaced with steel windows that make for a brighter interior. Their geometric patterns also connect seamlessly with the interventions by designer Filip Janssens, who made a name for himself with his brilliant constructivist cabinet structures. As requested by the architect, Janssens made an intervention in almost every room. Both his cabinets and Herremans' doors remind us of Japanese room dividers. Because of his interventions, every interior view brings with it a new surprise. It's amazing how exciting a pocket-size dwelling like this can be.

EN
A small, compact dwelling is always an ingenious work of art because, as with a piece of furniture, everything has to fit together perfectly. For this very reason, architect Ronny Herremans—who breathed new life into this small, tall building on the coast—called on Filip Janssens, who made a name for himself designing special cabinets. Every floor has a different function. The kitchen, for example, is located downstairs, allowing you to easily welcome friends. All the way up, at the top, lies a wonderful roof terrace offering a splendid view of the city.

NL
Een kleine en compacte woning is altijd een ingenieus kunstwerkje, want net als bij een meubel moet alles haarfijn in elkaar passen. Net daarom deed architect Ronny Herremans, die dit kleine, hoge pandje aan de kust een nieuw leven gaf, een beroep op meubeldesigner Filip Janssens, die naam en faam verwierf met bijzondere kasten. Elke verdieping heeft een andere functie. Beneden ligt de keuken, waar je meteen enkele vrienden kunt ontvangen. Helemaal boven vind je een heerlijk dakterras, waar je van een fraai stadslandschap kunt genieten.

FR
Une maison petite et compacte est toujours un défi, car, comme dans un meuble, tout doit s'adapter au millimètre près. C'est bien pour cela que Ronny Herremans, qui a rénové cette maison haute et étroite située sur la côte, a fait appel au créateur Filip Janssens, réputé pour ses rangements exclusifs. Chaque étage a sa fonction : en bas, la cuisine permet de recevoir quelques amis, tandis que tout en haut une agréable terrasse de toiture offre un magnifique panorama urbain.

NL
Dit is geen *tiny house* op wielen, maar wel een soort van compacte torenwoning die heel vernuftig werd ingericht. De totale oppervlakte van het terrein is amper 30 vierkante meter en het pandje telt drie bouwlagen. Je valt bijna met de deur in huis, in de keuken met eettafel. Op één hoog is de zitruimte, op twee hoog de slaapkamer en op drie hoog het dakterras. Ondanks de krappe ruimte valt er best wat architectuur te zien. Dit is het weekendverblijf van een architect die de hele renovatie grotendeels zelf heeft vastgelegd. Het pandje uit de jaren twintig werd binnenin gestript. Architect Ronny Herremans opteerde er wel voor om de houten trap, die zich door de woning slingert, te behouden. De meeste binnenwandjes heeft hij vervangen door stalen ramen – goed voor extra licht – met geometrische patronen die naadloos aansluiten bij de ingrepen van designer Filip Janssens, die naam en faam verwierf met zijn schitterende constructivistische kaststructuren. In bijna elk vertrek vroeg de architect hem voor een ingreep. Zowel de kasten van Janssens als de deuren van Herremans doen ons aan Japanse kamerschermen denken. Door al die ingrepen zorgt elk doorzicht voor een extra verrassing. Het is verbazingwekkend hoe spannend een woning in zakdoekformaat als deze kan zijn.

FR
Ceci n'est pas une *tiny house*, mais une sorte de tour d'habitation très compacte aménagée de manière extrêmement intelligente. La surface totale du terrain est d'à peine 30 mètres carrés et le bâtiment compte trois étages. Au rez-de-chaussée, l'entrée donne directement sur la cuisine et la table où mangent les membres de la famille. Au premier, il y a le salon, au deuxième la chambre et au troisième la terrasse. Malgré l'espace restreint, l'architecture est de qualité. Nous sommes dans la résidence secondaire d'un architecte qui a réalisé une bonne partie de la rénovation lui-même. L'intérieur de cette maisonnette des années 1920 a été entièrement dépouillé, mais Ronny Herremans a choisi de garder l'escalier en bois qui serpente d'un étage à l'autre. La plupart des cloisons ont été remplacées par des cadres d'acier – un avantage en terme de luminosité –, selon un patron géométrique qui se prolonge tout naturellement dans les créations de Filip Janssens, réputé pour ses magnifiques ensembles d'armoires constructivistes. L'architecte lui a demandé d'intervenir dans presque toutes les pièces. Tant les placards de Janssens que les portes d'Herremans évoquent des écrans japonais. Les perspectives ainsi créées réservent chaque fois des surprises. C'est fou ce qu'une habitation miniature comme celle-ci peut être passionnante !

EN
Herremans retained the old wooden staircase as a nod to the history of the building, which was constructed in the 1920s. He designed numerous walls in metal and glass, with sliding doors that feature a Mondrian grid. Filip Janssens did his best to continue this style in all of his custom-made wall furniture, from the kitchen to the dining area.

NL
Herremans bewaarde de oude houten trap als een knipoog naar de geschiedenis van het pandje dat in de jaren twintig werd opgetrokken. Hij ontwierp tal van deurwanden van ijzer en glas met een soort mondriaanraster. Filip Janssens zette die lijn min of meer door in alle wandmeubels, die hij op maat heeft gemaakt, van de keuken tot de zithoek.

FR
Ronny Herremans a conservé l'ancien escalier de bois, en référence à l'histoire du bâtiment construit dans les années 1920. Il a conçu une série de cloisons-portes en fer et en verre ; celles-ci s'assemblent à la façon d'un Mondrian. Filip Janssens a répété ce principe dans pratiquement tous les placards qu'il a conçus sur mesure, de la cuisine au salon.

EN
The wall cabinet in the bedroom was given a diagonal dynamic, and above the bed hangs a transparent set of shelves in Janssens' distinctive style. The simple façade with its Art Deco silhouette still radiates the relaxed style of the inter-war period's typical coastal architecture. Here, too, the contrast between inside and outside is invigorating.

NL
In de slaapkamer kreeg de wandkast een diagonale dynamiek en boven het bed kwam er een transparant rek in de typische Janssens-stijl. De eenvoudige gevel met art-decosilhouet straalt nog de ontspannen stijl uit van de typische kustarchitectuur uit het interbellum. Ook hier werkt het contrast tussen binnen en buiten verkwikkend.

FR
Dans la chambre, un placard a reçu une dynamique diagonale, et une étagère transparente dans le plus pur style Janssens a pris place au-dessus du lit. La façade toute simple, de style Art déco, témoigne encore de l'architecture balnéaire, d'un style informel de l'entre-deux-guerres. Une fois encore, le contraste entre intérieur et extérieur est vivifiant.

THiNK | NEW MODERN

On the Top BOHEMIAN

A couple of centuries ago, Paulette Van Hacht might have seen Peter Paul Rubens enter the Officina Plantiniana from her small flat on the other side of Antwerp's Vrijdagmarkt. The former printing house is now the Plantin-Moretus Museum, one of the city's most mysterious places. Every Friday since time immemorial, the square also hosts a flea market where second-hand dealers even sell items by auction. Paulette snaps up some really cool items there sometimes. Soon after her economics studies were completed, she decided to dedicate herself to creating interiors and looking for vintage objects. Her flat is filled with unusual finds from the fifties and sixties. Indeed, she loves colourful eye-catchers and anything that has a special look about it. Now she receives offers to do interiors everywhere and travels inside Belgium and beyond in search of objects. At first, the young people from her circle of friends were the only ones that got to taste her markedly optimistic and ingenious style—she calls it the 'trouvaille style'—but these days more and more people are requesting her interior talents. Indeed, the flat's contemporary interior looks very diverse. While some keep swearing by strict architect design, upholstering their homes with Le Corbusier or Eames, many others are exploring more frivolous- and relaxed-looking horizons. Paulette plays with fabrics by fellow Antwerp resident Gert Voorjans and others, combining them with plants and a well-nigh uncountable number of original objects and furniture pieces to create wonderfully eclectic film decors that look quite bohemian and humorous.

NL Een paar eeuwen geleden had Paulette vanuit haar flatje op de Antwerpse Vrijdagmarkt bijvoorbeeld Pieter Paul Rubens kunnen zien binnenstappen in de *officina*, de drukkerij van Plantin-Moretus aan de overkant van het plein. Daar ligt nu het Plantin-Moretusmuseum, een van de geheimzinnigste plekken van de stad. Op vrijdag vindt er sinds mensenheugenis ook een vlooienmarkt plaats op het plein. Dan verkopen uitdragers zelfs spullen per opbod. Soms tikt Paulette Van Hacht daar iets leuks op de kop. Ze studeerde economie, maar besliste al gauw na haar studies om zich toe te leggen op het creëren van interieurs en het zoeken naar vintage objecten. Haar flat staat vol ongewone trouvailles uit de jaren vijftig en zestig. Ze houdt immers van kleurrijke eyecatchers en alles wat een aparte uitstraling heeft. Ondertussen krijgt ze de kans om overal interieurs in te richten en reist ze binnen- en buitenland af op zoek naar objecten. Haar uitgesproken optimistische en vindingrijke stijl – ze noemt hem zelf de 'trouvaillestijl' – werd aanvankelijk door haar jonge vriendenkring gesmaakt, maar nu doen meer en meer mensen een beroep op haar interieurtalent. Het hedendaagse interieur oogt ook heel verscheiden. Terwijl sommigen blijven zweren bij het strenge design van architecten en hun huis stofferen met Le Corbusier of Eames, verkennen velen andere horizonten die frivoler en meer ontspannen ogen. Paulette goochelt met stoffen van onder meer haar flamboyante stadsgenoot Gert Voorjans, gecombineerd met planten en een schier ontelbaar aantal originele objecten en meubeltjes, en daarmee creëert ze heerlijk eclectische filmdecors die best wel *bohemian* en humoristisch ogen.

EN
Young interior stylist Paulette Van Hacht defines her style not as eclectic but as bohemian. Her palette is colourful; she loves orange, lilac, and pink; and she believes there's nothing wrong with interiors being a bit funny. In fact, the trouvailles in her small roof flat contain quite a bit of humour.

NL
De jonge interieurstyliste Paulette Van Hacht definieert haar stijl niet als eclectisch, maar bohemien. Haar kleurenpalet is bont, ze houdt van oranje, lila en roze en vindt dat interieurs bovendien wat grappig mogen zijn. In haar kleine dakflat vol trouvailles zit best wat humor.

FR
La jeune styliste Paulette Van Hacht ne qualifie pas son style d'éclectique, mais de bohème. Sa palette est chatoyante, elle aime l'orange, le lilas et le rose, et pense que les intérieurs peuvent avoir un côté ludique. De fait, son petit flat sous les toits, rempli d'objets chinés, ne manque pas d'humour.

FR Il y a quelques siècles, Paulette aurait par exemple pu apercevoir, depuis son flat du Vrijdagmarkt, Pierre Paul Rubens entrer dans l'*officina*, l'imprimerie Plantin-Moretus, établie de l'autre côté de la place. C'est là que se trouve le musée du même nom, l'un des lieux les plus énigmatiques d'Anvers. De mémoire d'homme, la place accueille également, chaque vendredi, un marché aux puces où les brocanteurs vendent parfois aux enchères et où Paulette Van Hacht trouve quelquefois d'intéressantes découvertes. Économiste de formation, elle a décidé très tôt de se consacrer à la création d'intérieurs et à la recherche d'objets vintage. Son flat déborde de trouvailles des années 1950 et 1960. En effet, elle aime les objets colorés qui attirent le regard, et tout ce qui a un rayonnement particulier. Aujourd'hui, elle a l'opportunité de décorer des intérieurs un peu partout et de voyager en Belgique et à l'étranger en quête d'objets. Si son style résolument optimiste et inventif – qu'elle nomme elle-même « style trouvailles » – était, à l'origine, surtout apprécié par son (jeune) cercle d'amis, de plus en plus de gens font aujourd'hui appel à ses talents de décoratrice. Les intérieurs d'aujourd'hui prennent des formes très diverses. Alors que certains ne jurent que par le design rigoureux d'architectes et se meublent avec des créations du Corbusier et Eames, d'autres adoptent un style plus frivole et plus informel. Paulette utilise notamment les tissus de son flamboyant compatriote anversois Gert Voorjans, qu'elle combine à des plantes et à une foule d'objets et de petits meubles originaux. Elle crée ainsi des décors de film éclectiques, associant esprit bohème et humour.

EN
Paulette looks for Berber rugs in Morocco and vintage items in France, Belgium, and the Netherlands. Her English vineyard table is surrounded by Wim Rietveld (son of Gerrit) and Torck chairs, all of them from the fifties, naturally. The Ligne Roset sofa disappears in the décor.

NL
Paulette zoekt berbertapijten in Marokko en vintage in Frankrijk, België en Nederland. Rond haar Engelse wijngaardtafel staan stoeltjes van Wim Rietveld (zoon van Gerrit) en Torck, uiteraard uit de fifties. De zitbank van Ligne Roset verdwijnt in het decor.

FR
Paulette recherche des tapis berbères au Maroc et du vintage en France, en Belgique et aux Pays-Bas. Sa table vigneronne anglaise est associée à des chaises de Wim Rietveld (le fils de Gerrit) et Torck, qui datent évidemment des années 1950. Le canapé de Ligne Roset se fond dans le décor.

Perspectives

THE LOFT

Not all old factories are easy to inhabit, because they are usually oriented towards the north. Light from the north is very constant and ideal for working but not for living. Here we are taking a stroll through a former umbrella factory that is flooded with light from the north but, thanks to the approach adopted by young interior architects Ellen Van Laer and Arno Broeckhoven of Æ Studio, also some warm light. 'Yet, this loft gives me a warm feeling', resident Tosca Deslee, who runs a textile agency for an Indian weaving mill in France, Belgium, and the Netherlands, assures us. The architects inverted the layout by placing the cloakroom and toilet in the darkest corner and locating the living space in the front, which has big windows. They breached interior walls to create wide perspective views and let light seep through everywhere.

Soft lime paint was applied to all the walls, providing visual warmth. Up high, sunlight does manage to work its way inside through the roof. The loft's three-layered construction hardly contains any doors, again, to make the whole inner structure dynamic and lighter. Be sure to notice how the floors were finished. The sleeping quarters, for example, feature herringbone parquet. The living room's concrete staircase has all the slenderness of a sculpture. It is as if it has always been there, which is not the case. Like the designers, Tosca wanted to preserve the industrial character of the space. And she succeeded.

EN
Because there is no direct sunlight, the interior architects of Æ Studio give warmth to the interior by using lots of wood and soft plaster, optimising the available light, and turning the floor plan around. The cooking and dining areas merge into one. The dining table and chairs are by Egon Eiermann, the lamp is a Carlo Nason, and the vase is by Portuguese artist Bela Silva.

NL
Omdat de zon niet rechtstreeks binnenvalt, hebben de interieurarchitecten van Æ Studio het interieur warmer gemaakt met veel hout en zachte kalkpleister. Om dezelfde reden hebben ze de lichtinval geoptimaliseerd en het grondplan omgedraaid. De kook- en eethoek vormen één geheel. De eettafel en stoelen zijn van Egon Eiermann, de lamp is van Carlo Nason en de vaas van de Portugese kunstenaar Bela Silva.

FR
Pour composer l'absence de soleil direct, les architectes d'intérieur d'Æ Studio ont réchauffé cet intérieur avec une abondance de bois et d'enduits à la chaux tendre, optimalisé l'apport de lumière et réorienté le plan. Cuisine et coin à manger forment un tout. La table et les chaises sont d'Egon Eiermann, la lampe de Carlo Nason et le vase de l'artiste portugais Bela Silva.

NL
Niet alle oude fabrieken zijn gemakkelijk bewoonbaar, omdat ze doorgaans noordwaarts werden georiënteerd. Noorderlicht is heel constant en ideaal om in te werken, maar niet om in te leven. Hier lopen we door een voormalige paraplufabriek vol noorderlicht, waar nu wel warm licht doorheen straalt dankzij de aanpak van de jonge interieurarchitecten Ellen Van Laer en Arno Broeckhoven van Æ Studio. 'Toch schenkt deze loft me een warm gevoel', verzekert bewoonster Tosca Deslee ons, die een textielagentuur heeft voor een Indische weverij in Frankrijk, België en Nederland. De architecten keerden de indeling om door de vestiaire en het toilet op de donkerste plek te situeren, en de leefruimte zit aan de voorkant, waar er grote ramen zijn. Binnenmuren werden doorbroken om ruime perspectieven toe te laten en licht overal doorheen te laten sijpelen. En alle wanden werden met zachte kalk beschilderd. Dat zorgt voor een visuele warmte. Helemaal boven komt het zonlicht wel door het dak priemen. Er zitten amper deuren in de drie bouwlagen hoge loft, ook weer om de hele binnenstructuur te dynamiseren en lichter te maken. Let bovendien op de afwerking van de vloeren. Voor de slaapvertrekken werd bijvoorbeeld gekozen voor visgraatparket. Ook de betonnen trap in de living is rank van vorm, net een beeldhouwwerk. Het is alsof hij er altijd heeft gestaan, wat niet zo is. Net als de vormgevers wilde Tosca het industriële karakter van de ruimte bewaren. En dat is best gelukt.

FR
Les anciennes usines ne sont pas toujours facilement habitables, car elles sont généralement orientées au nord. La lumière du nord, très constante, est idéale pour travailler, mais beaucoup moins pour vivre. Cette ancienne fabrique de parapluies est orientée plein nord, mais grâce aux interventions d'Ellen Van Laer et d'Arno Broeckhoven, jeunes architectes du bureau Æ Studio, elle baigne à présent dans une agréable lumière. « Ce loft m'apporte un sentiment de chaleur », assure l'occupante, Tosca Deslee, qui importe les textiles d'une entreprise indienne en France, en Belgique et aux Pays-Bas. Les architectes ont inversé la distribution en plaçant le vestiaire et les toilettes dans la zone la plus sombre et le séjour sur la façade avant, qui est percée de grandes fenêtres. Les murs intérieurs ont également été percés afin de créer de larges perspectives et de laisser la lumière envahir tout l'espace. Et l'ensemble des murs a été traité avec un enduit à la chaux tendre qui crée une impression de chaleur au regard. Tout en haut, la lumière entre également par le toit. Les portes sont très rares dans ce loft de trois étages. L'intention était en effet de dynamiser et d'alléger l'espace. Faites également attention à la finition des sols. Pour les chambres, on a par exemple opté pour un parquet en arêtes de poisson. L'escalier en béton du living est d'une forme élancée, évoquant une sculpture. C'est comme si, contrairement à la réalité, il avait toujours été là. En accord avec les architectes, Tosca a souhaité conserver le caractère industriel de l'espace. Le résultat est plutôt réussi.

EN
The concrete staircase in the sitting area looks like a sculpture. Here, too, openness reigns. We see the chairs Pierre Jeanneret designed for Chandigarh, as well as a Flexform sofa and nice puffs upholstered with Designs of the Time fabrics. On the floor lies an antique Berber rug.

NL
In de zitruimte lijkt de betonnen trap een sculptuur. Ook daar heerst openheid. We zien er de zitjes die Pierre Jeanneret voor Chandigarh ontwierp, alsook een bank van Flexform en mooie poefs die bekleed zijn met stoffen van Designs of the Time. Op de grond ligt een antiek berbertapijt.

FR
Dans le salon, l'escalier de béton ressemble à une sculpture. Là aussi, c'est l'ouverture qui domine. Nous y voyons des sièges conçus par Pierre Jeanneret pour Chandigarh, ainsi qu'un banc de Flexform et de jolis poufs revêtus de tissus signés Designs of the Time. Un tapis berbère ancien orne le sol.

EN
Interior windows enhance the indirect light from outside, creating exciting interior views. Most lamps and stands come from the Parisian flea markets. Right underneath the roof is a sitting/workspace area. The work table from the fifties is by illustrious Belgian designer Jules Wabbes, the chair next to it is by Egon Eiermann, and the wooden stools to the right are by Pierre Chapo.

NL
Om de lichtinval te versterken, zorgen ramen binnen voor spannende doorzichten. De meeste lampen en tafeltjes komen van de Parijse Puces. Helemaal onder het dak is er een zit- en werkruimte. Het werktafeltje uit de fifties is van de illustere Belgische designer Jules Wabbes, de stoel ernaast is van Egon Eiermann en de houten krukjes rechts van Pierre Chapo.

FR
Les fenêtres intérieures laissent circuler la lumière tout en créant de passionnantes transparences. La plupart des lampes et des tables d'appoint ont été chinées aux Puces de Paris. Un espace salon et bureau a été aménagé sous le toit. La petite table de travail années cinquante est l'œuvre du célèbre designer belge Jules Wabbes. La chaise est d'Egon Eiermann et les tabourets de bois de Pierre Chapo.

THiNK

Seaside MORESQUE

When you look out to sea from this penthouse, the rounded windows look even more conspicuous, and you can, indeed, feel the whiff of Moorish elegance that this fifties-era building radiates. This is Knokke, the North Sea's most exquisite seaside town, where there is a very strong interest in vintage items and contemporary art. You will discover unusual and unconventional interiors here, such as this artistic spot by Brussels decorator and design specialist Frank Pay. What used to be a dull flat is now a peculiar pied-à-terre. For this project he joined hands with Tom Mares and Peter-Jan Scherpereel, the designer duo of PJ Mares Design Studio. They had the interior walls torn down and created a large living space with a fireplace right in the middle. The whitewashed walls give the space an Ibiza-like feeling. The arched doors are reminiscent of the building's Moorish and ocean-liner styles. In front of the fireplace, a magnificent De Sede sofa lives in perfect symbiosis with the robust wooden furniture. The compact kitchen resembles a bar. The contrast between the irregular breccia marble and concrete rear wall actually has a refreshing effect here. Frank added some industrial stools. The curtains are the result of his collaboration with HoHM Design Studio. Frank Pay looks for unusual vintage items and contemporary creations that transcend the middle-class mindset.

EN
Small details, such as the rounded door, remind you of the building's Moorish coastal style. The sturdy seat next to the door is an anonymous tropical design. Above it hangs a piece by Jerry Kamitaki. The dining area contains robust Rainer Daumiller chairs, and over the table hangs an original Fog & Morup witch-hat lamp.

NL
Kleine details, zoals de ronde deur, herinneren aan de Moorse kuststijl van het gebouw. De zware stoel naast de deur is anoniem tropendesign. Daarboven hangt een werk van Jerry Kamitaki. In de eethoek staan robuuste stoelen van Rainer Daumiller en boven de tafel hangt een originele heksenhoed van Fog & Morup.

FR
Les petits détails, comme la porte arrondie, rappellent le style balnéaire mauresque du bâtiment. Le siège noir à côté de la porte est une création anonyme. Une œuvre de Jerry Kamitaki est suspendue au-dessus. La salle à manger est garnie de robustes chaises de Rainer Daumiller et un « chapeau de sorcière » original de Fog & Morup est suspendu au-dessus de la table.

NL Kijk je vanuit dit penthouse naar de zee, dan vallen de ronde ramen des te meer op en voel je inderdaad dat vleugje Moorse elegantie van het gebouw zelf, dat in de jaren vijftig werd opgetrokken. We zijn in Knokke, de meest exquise badplaats aan de Noordzee, waar de belangstelling voor vintage en hedendaagse kunst erg groot is. Je ontdekt er ongewone en onconventionele interieurs, zoals deze artistieke stek van de Brusselse decorateur en designspecialist Frank Pay. Wat ooit een saaie flat was, is nu een apart pied-à-terre. Hiervoor werkte hij samen met PJ Mares Design Studio, bestaande uit het designerduo Tom Mares en Peter-Jan Scherpereel. Ze lieten er de binnenwandjes uitgooien en creëerden een grote leefruimte met helemaal in het midden een haard. De gekalkte muren geven de ruimte een Ibiza-gevoel. De boogdeuren herinneren even aan de pakketbootstijl en de Moorse lijn van het gebouw. Voor de haard staat een prachtige De Sede-sofa, die helemaal in symbiose leeft met het robuuste houten meubilair. De compacte keuken lijkt op een bar. Daar werkt het contrast tussen het grillige brèchemarmer en de betonnen achterwand verfrissend. Frank zette er industriële krukjes bij. Voor de gordijnen werkte hij samen met de HoHM Design Studio. Frank Pay zoekt ongewone vintage en hedendaagse creaties die aan de burgerlijkheid ontsnappen.

FR Quand on regarde la mer depuis ce penthouse, les fenêtres rondes frappent immédiatement, et l'on perçoit la touche d'élégance mauresque du bâtiment, qui a été construit dans les années 1920. Nous sommes à Knokke, la station balnéaire la plus raffinée de la mer du Nord, où vintage et art contemporain occupent une place importante. On y découvre des intérieurs inhabituels et non conventionnels, comme ce lieu appartenant au décorateur bruxellois et spécialiste du design Frank Pay. Frank a fait d'un flat banal un pied-à-terre original. Pour cela, il a travaillé avec PJ Mares Design Studio, qui se compose de Tom Mares et de Peter-Jan Scherpereel. Ils ont abattu les cloisons intérieures et créé un vaste espace de vie autour d'un âtre. Les murs chaulés apportent à l'ensemble une note Ibiza. Les portes cintrées rappellent le style paquebot et la ligne orientalisante de l'immeuble. Devant l'âtre, on peut admirer un splendide sofa De Sede, qui vit en parfaite symbiose avec le robuste mobilier de bois. La cuisine compacte ressemble à un bar. Le contraste entre le marbre brèche au dessin capricieux et le mur de béton y est rafraîchissant. Frank y a ajouté des tabourets de style industriel. Pour les tentures, il a fait appel à HoHM Design Studio. Frank Pay cherche du vintage inhabituel et des créations contemporaines qui échappent au goût bourgeois.

EN
The roof flat was stripped down to its concrete structure. The kitchen's richly veined marble combines well with the rough walls. Enjoy the sitting area with its beautiful De Sede sofa, a monumental – anonymous – fifties vase, Erik Haemers piece next to the fireplace, and the Ad de Keijzer tableau at the back to the right.

NL
De dakflat werd tot op het beton gestript. Het rijk geaderde marmer van de keuken past bij de ruwe wanden. Geniet ook van de zithoek met de mooie bank van De Sede, een monumentale –anonieme– fiftiesvaas, naast de schouw een werk van Erik Haemers en rechtsachter een tableau van Ad de Keijzer.

FR
La structure de béton de ce flat sous les toits a été mise à nu. Le marbre veiné de la cuisine s'accorde avec la rudesse des murs. Observez aussi le salon où se côtoient un beau canapé de De Sede, un vase monumental, anonyme, des années 1950, une œuvre d'Erik Haemers à côté de la cheminée et, dans le fond à droite, un tableau d'Ad de Keijzer.

India & Morocco

NEW BRICK HOUSE

While Bart Lens and Thijs Prinsen, the architects of this building, were crisscrossing India, their clients, Alex Gabriels and Philippe De Ceuster, were travelling through Morocco. Philippe works in publicity, as does his wife, Alex, who is also building a career as a ceramicist. They took pictures of buildings everywhere, and when they put them together, the idea for this special dwelling came bubbling to the surface. They knew right from the start that they would be using brick, and the masonry style is totally reminiscent of the two cultures' vernacular architecture. Lens and Prinsen are not your run-of-the-mill architects. Not only do they have a feel for unusual architecture but they are also developing their own personal type of brick architecture. Here, however, they took things one step further. Indeed, the impressive façade looks like an Eastern curtain suspended in front of the building. Combined with the building's natural surroundings, this creates a feeling from the inside of actually being in India or Morocco. On sunny days the façade pattern casts lovely shadows that enrich the interior. This is one of those houses where you need to walk around barefoot, as it will really let you feel how rough the floors are. This ties in perfectly with Alex's fascination for rough craft ceramics. Her magnificent trays and bowls are all over the house, especially near the cooking/dining area. The view across the dining table towards the sitting area, where you feel as if you can just step out into the greenery, is spectacular.

NL Terwijl de architecten van deze woning, Bart Lens en Thijs Prinsen, India doorkruisten, reisden de bouwheren, Alex Gabriels en Philippe De Ceuster, door Marokko. Philippe is actief in de reclamesector evenals zijn vrouw Alex die daarnaast ook carrière maakt als keramiste. Ze maakten overal foto's van gebouwen en toen ze die samenlegden, kwam het idee voor deze bijzondere woning opborrelen. De keuze voor baksteen lag meteen voor de hand en de stijl van het metselwerk doet helemaal denken aan de vernaculaire architectuur uit beide culturen. Lens en Prinsen zijn bovendien aparte ontwerpers met voeling voor ongewone architectuur én ze ontwikkelen daarenboven een heel eigen baksteenarchitectuur. Hier gingen ze evenwel nog een stap verder. Deze imposante gevel lijkt immers op een oosters gordijn dat voor het gebouw hangt. Doordat het huis bovendien in volle natuur staat, waan je je binnen in India of Marokko. Op zonnige dagen verrijkt het gevelpatroon het interieur met beeldige schaduwen. Het is ook een woning om met blote voeten door te lopen. Dan voel je pas de ruwheid van de vloeren. Wat dan weer helemaal past bij de fascinatie van Alex Gabriels voor ruwe, artisanale keramiekcreaties. Je ziet haar prachtige schalen en kommen overal in dit huis, zeker in de buurt van de kook- en eethoek. Het uitzicht van over de eettafel heen naar de zithoek, waar je gewoon in het groen lijkt te kunnen stappen, is spectaculair.

EN
Contemporary Western architecture impregnated with influences from outside Europe. India and Morocco coming together in a pearl of brick. That explains this building's brick façade curtain. It's a nonconformist structure full of light slits, rough materials, and surprising details.

NL
De hedendaagse westerse architectuur wordt bevrucht door invloeden van buiten Europa. Hier komen India en Marokko samen in een parel van baksteen. Zo kreeg het pand een bakstenen gevelgordijn. Het is een non-conformistisch landhuis vol lichtspleten, ruwe materialen en verrassende details.

FR
L'architecture contemporaine occidentale est traversée d'influences extra-européennes. Ici, styles indien et marocain se retrouvent dans un jeu de briques. Le bâtiment est ainsi pourvu d'un rideau de façade minéral. Il s'agit d'une maison de campagne originale, nourrie de flux de lumière, de matériaux bruts et de détails inattendus.

FR Pendant que les architectes de ce projet, Bart Lens et Thijs Prinsen, parcouraient l'Inde, les maîtres d'ouvrage, Alex Gabriels et Philippe De Ceuster, visitaient le Maroc. Philippe travaille dans la publicité, comme sa femme Alex, qui fait aussi carrière comme céramiste. Ils ont photographié des maisons partout où ils sont allés, puis les ont réunies et ont eu l'idée de cette habitation particulière. Le choix de la brique s'est imposé immédiatement ; assortie à un style de maçonnerie, elle fait penser à l'architecture vernaculaire des deux pays. Lens et Prinsen sont des créateurs originaux qui aiment l'inhabituel et utilisent la brique de manière très personnelle. Mais ici, ils sont allés plus loin encore. L'imposante façade ressemble en effet à une tenture orientale suspendue devant le bâtiment. Comme la maison se trouve en pleine nature, on se croirait en Inde ou au Maroc. Quand le soleil brille, le motif de la façade crée un jeu d'ombres à l'intérieur. C'est aussi un endroit où l'on aime marcher pieds nus, ce qui permet de ressentir la rudesse des sols. Cela correspond tout à fait à la fascination d'Alex Gabriels pour la céramique artisanale, d'allure brute. On découvre ses plats et ses bols un peu partout dans la maison, en particulier dans le coin à cuisiner et à manger. La vue que l'on a depuis la table vers le salon, qui semble enfoui sous la végétation, est spectaculaire.

EN
For a moment we don't focus on the furniture or the design, even though they were chosen to match the architecture. Low cabinets enhance the interior views. The interior windows cut pieces out of the surrounding forest. A slit in the middle of the house cuts it neatly in half, letting in light. The façade's shadow play lends the building a tropical feel.

NL
We letten even niet op de meubels, noch op het design, dat weliswaar in functie van de architectuur werd gekozen. Lage kasten versterken de doorzichten. De binnenramen snijden stukken uit het omliggende bos. Een lichtschacht splijt de woning half doormidden. Het schaduwspel van de gevel geeft het bouwwerk een tropisch gevoel.

FR
Faisons pendant un moment abstraction du mobilier et du design, pourtant choisis en fonction de l'architecture. Les armoires basses renforcent les perspectives. Les fenêtres intérieures taillent des vues dans le bois environnant. Un puits de lumière partage également l'habitation en deux par le centre. Le jeu d'ombres et de lumière de la façade donne au lieu des airs de tropiques.

NL
Transparency does not preclude intimacy. The bedroom is a dark wooden box closed off by sliding doors. The hallways radiate peace like that in monastic architecture reminding us of the oeuvre of Dom Hans van der Laan, who drew his strength from proportions, rough materials, sleek lines, and delicate light incidences.

NL
De transparantie van dit pand staat intimiteit niet in de weg. De slaapkamer is een donkere, houten doos die door schuifdeuren wordt afgesloten. De gangen stralen de rust uit van kloosterarchitectuur en doen ons even denken aan het oeuvre van dom Hans van der Laan, die zijn kracht puurde uit proporties, ruwe materialen, strakke lijnen en delicate lichtinvallen.

FR
La transparence n'empêche pas l'intimité. La chambre se présente comme une boîte en bois sombre cloisonnée par des portes coulissantes. Les couloirs respirent la sérénité de l'architecture monacale. Cela nous fait penser à l'œuvre de Dom Hans van der Laan, qui puise sa force dans les proportions, les matières brutes, la rigueur des lignes et l'éclairage raffiné.

TEXT
Piet Swimberghe

PHOTOGRAPHY
Jan Verlinde

EDITING
Ann Brokken,
Michèle Tys,
Sabine Van Humbeeck,
Lyrco

TRADUCTION FRANÇAISE
Marie-Françoise Dispa,
Michèle Tys,
Dirk Valcke,
Anne-Laure Vignaux

ENGLISH TRANSLATION
Xavier De Jonghe,
Bracha De Man,
Joy Philips,
Marguerite Storm

BOOK & COVER DESIGN
ASB

COMPILATION & COLLECT
Keppie & Keppie

© Piet Swimberghe & Jan Verlinde
© Lannoo Publishers, Belgium, 2020
D/2020/45/278 – NUR 454/655
ISBN: 9789401469753
www.lannoo.com

All rights reserved. No part of this publication may be reproduced or transmitted in any form or by any means, electronic or mechanical, including photocopy, recording or any other information storage and retrieval system, without prior permission in writing from the publisher.

If you have any questions or comments about the material in this book, please do not hesitate to contact our editorial team: markedteam@lannoo.com

MARKED is an initiative by Lannoo Publishers.
www.markedbylannoo.com

JOIN THE MARKED COMMUNITY
on @markedbylannoo

Or sign up for our MARKED newsletter with news about new and forthcoming publications on art, interior design, food & travel, photography and fashion as well as exclusive offers and MARKED events on www.markedbylannoo.com

#AREYOUMARKED